我們是——
兩個爸爸

1996 年，我們帶著彩虹旗參加芝加哥的亞太裔傳統月遊行，這是第一次有同志團體加入遊行。

從相識到相守

01 ｜ 1996 年，第一次帶思鐸到台灣，在台中梧棲漁港品嘗烤魷魚。
02 ｜ 1997 年在芝加哥舉行「非法婚禮」。
03 ｜「非法婚禮」典禮結束時的新人長吻。
04 ｜ 1997 年「非法婚禮」後到夏威夷度「酷月」。
05 ｜「非法婚禮」隔天，以「新娘」婚紗扮裝參與芝加哥同志大遊行。
06 ｜ 1997 年萬聖節穿著旗袍的扮裝。
07 ｜ 2014 年，應雜誌記者專訪，至雕塑公園出外景。

06	05	03	01
07		04	02

我們的寶貝愷樂

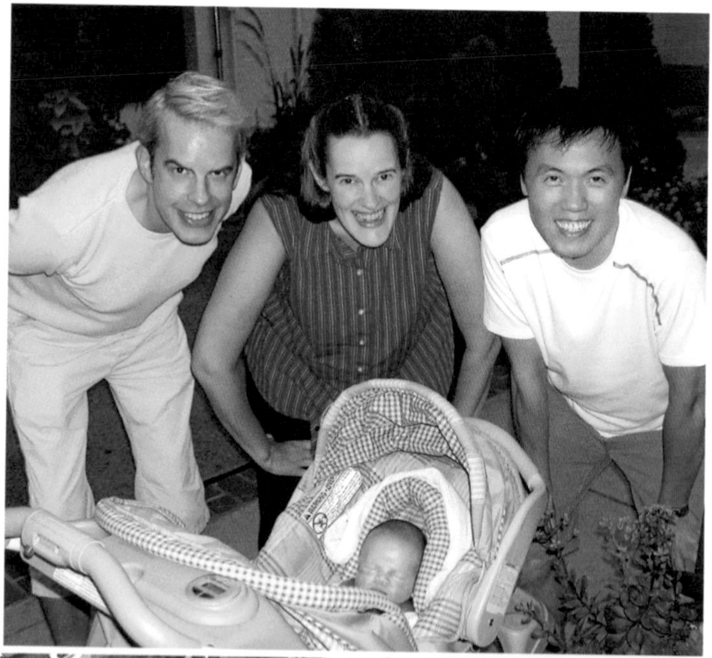

01 | 愷樂出生第二週，與思鐸的妹妹艾莉森合照。

02 | 2004 年初，愷樂四個半月大時，第一次帶愷樂回台灣和阿公、阿嬤見面。

03 | 2004 年底，第一次帶愷樂到他的英文名字「愷藍尼」（Kalani）的來源地——夏威夷。

01

03 | 02

04 | 2005 年底，愷樂為美國祖父慶生。

05 | 2011 年，愷樂披著羽毛圍巾、手拿彩虹旗，參加我們在紐約市的「合法婚禮」。

06 | 2016 年，鋼琴學生年度演奏會後自拍照，這是愷樂學鋼琴的最後一年。

05 | 04

06

為了愛，我們一起走

01 ｜ 2013 年「華盛頓大遊行」五十週年紀念會，這天也是我的五十歲生日。

02 ｜ 2014 年 9 月美國勞動節在紐約市的大遊行，我們身穿象徵性 T 恤，舉牌支持工會。

01
02

03 | 2018 年，與祁家威睽違三十多年，久別重逢。

04 | 2018 年，我參與了台北市的同志大遊行。

05 | 2019 年，為「教育部性別平等教育議題輔導群」做專題講座。

03

05 | 04

我們是——

Baba & Daddy

2015 年，在紐約市同志大遊行後到雀爾西市場吃冰棒消暑，天氣雖熱，心中卻充滿彩虹的愛。

兩個爸爸

Baba & Daddy

陳子良
&
陳海思鐸
著

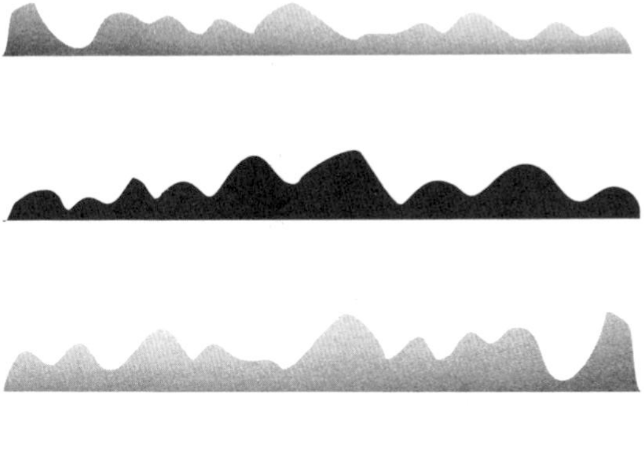

序

一個出櫃同志爸爸的心路歷程

陳海思 譯

《兩個爸爸》敘述了我先生陳子良成為台灣第一個出櫃的同志爸爸的心路歷程。

我在二〇一九年，透過 DIO Press 出版了《*Double Dads One Teen: a Queer Family's Trailblazing Life in the USA and Taiwan*》，會出版這本書的緣由起因於二〇〇七年的學術休假期間，我們全家三口來到台灣半年，這期間我接受趙淑珠老師的邀請，到彰化師範大學擔任客座教授，開了台灣第一個「性諮商」的研究所課程。受到趙老師的鼓勵，我在台灣期間開始將我們家的故事寫成書。

我寫這本書，是從我一個美國白人男同志的角度，敘述我如何認識了從台灣來的男同志，一起建立一個家庭、養育孩子，也共同在美國和台灣兩地倡導平等正義的議題。這些年來，台灣同志議題愈發受到重視，但是台灣有關同志家庭的書仍然很少，子良便受邀將我寫的書翻譯成中文。

後來，透過子良以前在台灣的同事畢柳鶯醫師的轉介，我們將翻譯的書稿交給畢恆達老師和洪文龍先生過目，他們建議我們，應該由子良以他的角度重新將這些故事寫成中文書，畢竟子良是在台灣出生長大，以他的眼光和口吻來述說自己的經歷，才能更深入地將中文讀者帶入我們的故事中。所以子良是《兩個爸爸》的作者，而我很榮幸被列為第二作者。感謝畢恆達老師將這本書稿帶到遠流出版公司，讓《兩個爸爸》終於能在台灣出版。

目錄——Contents

前言

平凡中的拓荒者

「平凡」的日子過久了，常常忘了我們目前這樣的生活是許多同志羨慕嚮往的未來。這天，一位擔任護理系教授的同志朋友來到我們家進行採訪，這次的採訪是他為一項質性研究的資料進行收集，他在離開我們家時說：「你們的家、你們這樣的生活，正是我想要達到的夢想目標！」

在採訪中我提到，國小時因為錯誤的資訊而認為自己是有病的人，便開始努力壓抑自己、否定自己，就這樣痛苦地過了十幾年的青春歲月。一轉眼，在今天年過半百的人生中，我有個相處了二十幾年的伴侶，一起撫養了一個即將讀大學的孩子，住在一個舒適的家，過著幸福美滿的生活。的確，這一路走來充滿了許多曲折辛苦，但也有很多令人振奮欣慰的故事。一次，有人在聽完我們分享的故事後，跟我們說：「你們的故事真是充滿了意向性（intentionality）。」從此，我一直記著這句話，也常常省思這句話的涵義，來激勵自己。

或許，我們真的是很用心地在過生活，遇到困難挫折時，我們互相扶持，想辦法找到出路。面對未知與不平的社會系統時，我們秉持著拓荒鬥士的精神，不畏懼地往前走。這一路走來並非順遂，我倆之間也遇過很多難關，可是我們一步一步用心經營，不僅為這個家努力，也為弱勢族群們盡一份力。

我們十幾年前接受邀請，開始在台灣公開演講，也陸續參與許多媒體採訪。當時台灣很少有同志願意在媒體公開出櫃分享故事，更遑論是個有孩子的同志，於是我成了台灣第一個公開出櫃的同志爸爸。

雖然我在公開場合能夠跟別人侃侃而談，論述自己的想法，分享經驗與故事，但其實我原本是一個內向、低調、不喜歡引人注目的人，而我一直相信故事的力量，如果我的生命故事能夠感動激勵別人，這便是我的職責，應該盡可能跟更多人分享我的故事。再加上我是個中產階級的專業人士，一個在社經地位上占有一定優勢的男人，而且能夠以公開的同志身分，不怕被家人朋友議論，也不怕在工作崗位上遭到歧視欺壓，這是我累積到的說話「特權」，我一向認為，人有特權就應該擔負更多的社會職責，所以現身在媒體說故事，也就成了我經常做的事。

述說分享我們的故事時，常陸陸續續聽到許多人建議，要我們把這些故事寫成書以幫助更多人。而且在媒體的訪問中，通常有篇幅或時間的限制，也只能透過採訪人的角度，片片斷斷地提到一些事情，如果我們自己寫書，便能夠較完整地寫出我們的故事和想法。思鐸一直有記錄我們生活經歷的習慣，所以他整理了這些紀錄，將我們的故事寫成一本英文書出版。原本我們想將他的英文書翻譯成中文出版，雖然書中很多故事是我在台灣的經歷，可是翻譯他的敘述觀點，反而讀起來有種隔靴搔癢的感覺。為了讓中文讀者能對我們的故事產生更多共鳴，便決定讓我用中文、以我的觀點來敘述我的感想經歷，以及我們一家的故事，於是這本書誕生了。為了尊重思鐸對本書的貢獻，將他列為第二作者。

此書的出版要非常感謝畢柳鶯醫師的促成，畢恆達老師和洪文龍老師的指導和轉介，以及遠流出版公司編輯群給予的修改建議，讓我能夠以更好的方式，將這些故事經歷傳遞給讀者。

01

初識

我們的相遇，看似平凡，卻也滿獨特有趣。
我刊登徵友啟事，就是一心想找個人定下來，
思鐸似乎是個上選，值得我下賭注。

既然本書是在講我們如何建立同志家庭的故事，讓我先說一下我們是怎麼認識的。

我們的相遇，看似平凡，卻也滿獨特有趣。一九九五年一月，那是個還沒有網路交友軟體的年代，我在芝加哥的藝文週報《芝加哥讀者報》（*Chicago Reader*）上刊登了一則徵友啟事，那算是我新年新希望想做的事情之一吧！要回應這個徵友啟事的人，必須在一個特定的電話語音信箱裡留言。

那個週末，我剛好有兩個朋友從紐約市來找我，我就趁機把語音信箱裡的幾則留言通通播放給朋友聽，聽完後我們三人一起投票，結果選上了思鐸！為什麼思鐸會當選呢？因為他的口才很好，即使在短短一兩分鐘的留言中，他已講了幾個笑話，也說到了自己的成就，真的很會推銷自己。

這種幽默加內涵的留言，讓我留下深刻印象。那時我刊登徵友啟事，就是一心想找個人定下來，思鐸似乎是個上選，值得我下賭注。

❖

回了思鐸電話後的那一個星期，我們每晚通電話，聊得很愉快、很投機，於是約好週末要見面吃飯。

第一次約會那天，剛好寒流來襲。芝加哥的冬天是出了名的冷，從密西根湖吹來的極地冷風，總讓我凍到骨子裡。幸好，思鐸像紳士般主動提議要開車來接我，在台灣長大、怕冷的我就欣然接受。當我坐電梯下樓走到公寓門口跟他見面時，看到他便心想：「欸，還滿帥的。」雖然不是一見鍾情，看得順眼就好。

他帶我去一家越南餐館吃晚飯，我一向不喜歡奢華的大餐廳，這間樸實居家式的餐館倒滿合我胃口。進了餐館，他伸出手要幫我脫外套，雖然這是個紳士的舉動，卻被我回絕了。我告訴他，我可以自己來。現在回想起來，那是我的一種心防，因為在美國的亞裔同志圈裡，看到了太多只喜歡亞洲人的「米后」[1]，常會有白人至上、大男人的態度，把亞裔同志伴侶當做可以支配的「小女人」看待。這是一種同志圈裡的種族歧視。

註1——「后」是美國男同志常用來調侃彼此的玩笑詞。「米后」是指那些只喜歡亞裔同志的男同志，他們解釋喜歡亞裔男同志是因為皮膚、外型、身材、動作舉止等，用「東方主義」(Orientalism)的角度，喜歡某一特定類型的亞裔男同志，也常以刻板印象來對待亞裔男同志，這是一種種族歧視。這些米后雖不一定是白人，也可能涵蓋不同年齡層，不過最常見的組合是年齡較大的白人身邊帶著年輕的亞裔人。相對地，「洋芋后」是指那些只喜歡白人的亞裔男同志，他們往往有內化的種族歧視，認為白人比較優越也較有吸引力，所以只想與白人交往。

我曾經與這種人交往，有過很不愉快的經驗，就不願意再跟這種「米后」有任何勾搭。

我的心防在我們的晚餐談話中，慢慢地被思鐸的真誠瓦解了。我提起「米后」的問題，確定了思鐸不是米后，也讓他知道我不是一個只喜歡白人的「洋芋后」。由此話題，我們談到了種族歧視的議題，我發現思鐸是個非常難得的白人，他對種族議題有深入了解，而且積極從事反種族歧視。就在我心裡鬆了一口氣時，思鐸冷不防地問了一個讓我不知所措的問題，他問我將來想不想要有小孩。

天啊！怎麼有人在第一次約會就問這種問題?!我心裡先暗吃一驚，思緒接著開始飛奔回想。我想到當我還跟女友交往、甚至論及婚嫁時，曾經夢想過要有孩子。可是一旦我決定接納自己的性向、出櫃成為同志，我就放棄了養育孩子的夢想，畢竟當時周遭看不到任何同志在養育孩子。我接著回想到兩年前在紐約工作時，有個出櫃的主管和他的伴侶一起收養了一個女孩，當時我很驚訝，也很佩服他們能夠這麼做。沒想到，今天這樣一個我喜歡的人，竟然會邀請我跟他一起作這樣的育兒夢。可是，我準備好了嗎？

經過了這一段好像是永恆的短暫沉默後，我很努力地用面不改色的表情，將我剛剛想到的坦白對思鐸說。總之，我告訴他，我並不排斥將來養育孩子的事，只是覺得自己還沒準備好。我想他對我這樣的答覆還算滿意，否則我們不會繼續交往。那天晚上，他送我回家時，我們竟然在車上花了一個多小時吻別，差點沒把我腳趾頭凍傷。這該算是一吻定情吧！

過了一個多星期，我收到思鐸寄給我的一封信，信封裡沒有信，只有一則手寫的徵友啟事。我讀了之後，心想這個徵友啟事寫得這麼直接又麻辣，我怎麼可能會去回這個啟事？心裡正納悶時，思鐸告訴我，在他看到我的徵友啟事前，原本準備要去刊登自己的徵友啟事。可是認識我之後，他覺得已經沒必要再去刊登這則啟事了，就決定把它寄給我來表達他的心意。

這麼浪漫的一個小動作，真的讓我好感動。不過我心想，還好我先刊登了我的徵友啟事，他也先回應了我的啟事。如果倒過來是他先刊登徵友啟事，我是不可能回應他的，那麼我們可能就不會相遇了。這算是命運的安排吧！

這件趣事，同時展現出我們兩人在個性和文化上的差異。那我們是如何在這樣的差異之間架構了一座橋梁，然後一起攜手走了四分之一個世紀的時光？我應該回到我的童年，述說一些故事。

02

成長

大概在小學五、六年級，

我開始發覺到自己另一個和別人不一樣的地方，

因為我會暗地裡喜歡上幾個男同學。

我努力掩飾內心的痛苦掙扎，

讓別人只看得到我是一個好學生的外表。

我在一九六三年出生於台中市，有六個哥哥、兩個姊姊，是九個兄弟姊妹中的老么。爸爸是警察，媽媽是家庭主婦；其實我爸媽來台灣的故事，也反映了台灣那個年代的變遷。

我爸爸的父母早逝，所以他很小就出來工作打拚。我媽媽則是個出生在福建省惠安縣蕭厝村一個望族的千金小姐，她爸爸（我的阿公）在鄉里當醫生也開布莊，很受鄉民景仰。因為媽媽是獨生女，當阿公看上我爸的相貌與能力，就叫他入贅到蕭家，好傳遞蕭家煙火。於是我媽在十六歲時就跟大她六歲的陌生人結婚，隔年生了第一胎。

在我父母生完了五個「蕭家」的孩子後，阿公跟我爸爸說，接下來生的小孩可以歸為「陳家」。所以我最前面的五個哥哥姊姊姓蕭，最後四個才跟著爸爸姓陳。這也顯示了當時女人的地位，即使是身為千金小姐的母親，她的身體仍不完全屬於自己，必須擔負起傳遞香火的責任，成為家族的生育工具。「還好」母親在生我的時候經歷難產，阿公阿嬤才同意不要再生了。

民國三十幾年、二次世界大戰後，惠安縣開始動亂。阿公開的診所與布莊在一夜之間被一搶而空。一無所有後，我爸爸就先到台灣讀警校，以便就職工作賺錢。阿公阿嬤變賣了剩下的家當，帶著他們的女兒與長孫、二孫渡船移居到台灣，一切從零開始。爸爸靠著當警員的微薄薪資與公家補給，維持著一家的生計，媽媽也必須放下千金小姐的姿態去擺攤賣菸，補貼家用。

我就是在這樣一個從拮据貧困漸入小康的環境中長大，雖然從小物資貧乏，阿公阿嬷和爸媽卻堅持著注重教育的價值觀，要我們好好讀書，出人頭地。記得小時候家裡沒錢買玩具買書，我唯一的玩具是人家送的一小盒積木，每次要玩積木時，我總是小心翼翼地當做寶貝一樣把玩著。平時則是跟著哥哥姊姊用紙筆做尪仔來玩家家酒，或是用細繩子玩繩結遊戲。媽媽總會留幾塊餅乾或幾毛零用錢，偷偷塞給我，來寵我，也喜歡在星期日讀《新生日報》的兒童版給我聽，讓我童年時沒有感到匱乏。媽媽成為我兒時主要的關愛來源和心理支柱。

小時候身為老么，雖然很受媽媽的疼愛，卻也常被哥哥姊姊嘲弄，說我愛撒嬌又娘娘腔，這些話常把我弄得很生氣，便和他們吵起架來。每一次父親總認為是我不對，拿我當出氣筒又打又罵。或許父親認為我是個被寵壞的調皮孩子，也或許他認為我是個娘娘腔的男生，要好好嚴格管教我。回想到兒時的記憶，這種畫面常常會出現在我腦海，我抱著雙腿蜷曲在角落，噤聲地哭著，用手輕輕撫摸紅腫發燙的臉頰，或用發呆的眼神看著腿上一道道被雞毛撣子和藤條打出的傷痕，在紅腫的兩側小山丘中間，是一道道白色凹陷的藤紋，我可以感覺到藤紋中發出的一陣陣疼痛，呼應著我微弱的抽搐，而這痛也就從我肌膚上慢慢滲入刻印在我心裡。

這樣的體罰怒罵，在我心裡留下了很多陰影，便一直對父親心存畏懼和憤怒，感受不到他的慈愛。長大後，我仍會在夢魘中看到臉頰和腿上的傷痕，在恍神中隱隱作痛。那不只是身上的痛，也是心裡的哆嗦與怨恨。這樣的經驗，讓我從小就思考什麼是公平，也讓我從小就打定主意要獨立自主、要堅強，絕對不讓人把我當成一個寵壞的老么看待，也不讓人因為我的陰柔氣質欺負我。於是我很努力地改掉自己的娘娘腔，卻也開始失去自己。

❖

大概在小學五、六年級，我開始發覺到自己另一個和別人不一樣的地方，因為我會暗地裡喜歡上幾個男同學。我一向功課很好，體育很差，還好當時台灣學校裡，課業好就勝過一切，所以我很少被同學取笑，只有幾次被說是娘娘腔。也因為功課很好，我得到很多老師的疼愛，常常給我出風頭的機會，並且常常上台領獎，老師更指派我在每天全校升旗典禮時擔任「學生長」喊口令，還代表學校參加全市的演講比賽，得到很多同學的景仰和羨慕。

不過，私底下只有我自己知道，在這個「模範生」的面具下，我的內心卻因為喜歡其他男生而愈來愈感到不安。只不過在當時七〇年代的社會裡，我們並沒有性別平等教育，沒有任何有關同志的資訊，加上戒嚴法的威權統治，大家必須遵循著社會的「準則規範」，做個好公民，不容許有任何「超出常規」的想法與行為。這樣的社會壓力，更加深了我對自己會喜歡男生的恐懼與疑慮。

到了小學快畢業時，我開始想為自己這個「不同點」找答案。那時候，二姊正在讀護理學校，我在她的教科書堆裡找到一本《精神醫學導論》，書裡提到：「同性戀是精神疾病的一種，有些青少年會經歷同性戀階段，如果他們成人後沒過渡這個階段，繼續被同性吸引，就會導致同性戀這種精神疾病。」我反覆讀了這個章節，心裡更加惶恐不安，深怕自己會成為一個有精神疾病的人，於是不斷告訴自己：「不行，我絕對不能成為一個不正常的人。」就這樣，我更加努力試圖抹滅掉這一部分的自己。

一九七三年，美國精神醫學學會將同性戀從《精神疾病診斷與統計手冊》的精神疾病列表中刪除。然而，當我在一九七五年為自己找答案時，這個新的醫學資訊卻還沒進入台灣的教科書裡，我就這樣被一個錯誤過時卻又具有權威性的醫學「知識」，折磨傷害了十幾年。加上那時一般人對精神疾病缺乏正確認識，認為精神疾病是毒蛇猛獸，讓人害怕恐懼，也引以為恥，不願意正面去了解、面對與接納。在這樣的社會氛圍下，我努力掩飾內心的痛苦掙扎，讓別人只看得到我是一個好學生、一個善良孩子的外表。

❖

高中時，我情竇初開，喜歡上同班一位好朋友，一方面羞於啟齒，另一方面也為這種「不正常」的暗戀感到羞恥，使得我的心裡更加矛盾難過。剛上大學時，有一次我坐在校園裡的草皮上讀書，一位「學園傳道會」的傳教士前來向我傳教。我從小就跟著家人在基督教長老教會裡長大，中學時因為內心的掙扎而遠離教會，然而在這麼多年的教會聚會中，我卻從未聽過像這位傳教士所傳的福音：「如果你願意接受耶穌基督成為你個人的救主，你就可以得到新生命。」「新生命！」我心裡想著，這不就是我想要的嗎？有了新生命，我就不必成為有病的同性戀！從此，我開始熱心投入各種教會活動，從學園傳道會、校園團契、真理堂到教會的學生宿舍，我都擔任了同工的職責，也帶領許多人成為基督徒。我一心一意想要讓這個「新生命」在我心裡長大茁壯，好讓我脫去那個同性戀的舊人，成為一個異性戀的新人！

大一下學期，我感受到有位女同學對我很有好感，我覺得她人很好又善良，可是我沒有內在的動機，能像一般異性戀的男生主動追求她，就藉著讀經禱告，尋求上帝的旨意。有一天讀經時，發現一段經文好像是上帝在告訴我，應該接納這位女生，讓她成為我在這條尋求真理道路上的伴侶。我接著去找教會的牧師，徵詢進一步的指引，就在牧師的鼓勵下，我向系上這位同是基督徒的女同學表白，告訴她我如何尋求了上帝的旨意，想聽從上帝的帶領，開始跟她交往。就這樣我們成了系上的班對之一。

雖然表面上這段感情似乎不斷地成熟發展，我心靈深處的掙扎卻從未停止過。有好多個夜晚，我會把自己關在禱告室裡對著上帝痛哭，為什麼我同性戀的性向仍然無法消失，為什麼我仍然會對其他男生心動，難道是我認罪不夠、讀經不夠、服事不夠嗎？我不斷地懇求上帝將這個同性戀性向拿走，可是上帝不曾這麼做。

我那時還沒聽過「轉換治療」（conversion therapy），但其實我如此狂熱地投入教會活動，便是努力對自己做這樣的治療。很多基督教團體積極推行這種治療，他們相信透過治療，同性戀者可以摒除掉這些他們認為是病、是罪惡的同性戀行為。但性向是人的本性之一，不是任何外力可以改變。任何嘗試改變性向的「治療」，只會對當事人造成更大的精神傷害。我的經驗正是如此，當我努力否定自己、失去自己時，內心所受到的折磨是無法言喻的。目前歐、美、澳以及台灣的主流衛生組織都已經清楚表明，這種「矯正療法」是一種無效、有害、違背醫療道德的療法。台灣衛生福利部也已明示，這是不得執行的醫療行為。

大學畢業後入伍當兵，因為軍中的種種時間與空間上的限制，迫使我離開了基督教會的象牙塔。離開了教會，擺脫宗教環境的制約，給了我一個機會、一個空間去省思自己是什麼樣的人。軍隊是一個把人性極端醜惡化的環境，新兵訓練藉由精神與肉體上的折磨，強迫年輕人學會順從權威。緊密的操作訓練與課程、三分鐘的戰鬥澡，是要我們為了求生存，就沒有時間與精力去思考這個威權系統的不是；士官長的惡言惡語，是刻意要抹煞我們的人性與自尊，成為聽從指揮的棋子。

離開新兵訓練下了部隊後，我以為情況會好轉，而我看到的是，整個系統是階級分明的制度，每個階層的人會運用自己的權力，壓迫低於自己的人，也會想盡辦法巴結奉承比自己高階的人，以獲得好處與優惠。有好幾次為了不得罪營長，我努力敬酒或陪喝，強迫自己跟著喝得爛醉，然後蹣跚地躲到廁所狂吐。雖然我咬牙撐過了這兩年在軍中的種種經歷，卻加乘了自己的創傷，以致退伍後即便過了好幾年，仍會偶爾作惡夢，夢到軍中景象，再次體驗到那緊張難受、被壓迫的情緒。軍中的環境讓我更加認識了人性百態，迫使我開始認真思索自己該成為什麼樣的人，到底是要誠實面對自己、堅強地活著，還是戴著面具、苟且地迎合別人。

退伍前某個晚上，因緣際會下，我跟軍中一位同袍發生了性關係。雖然我們只是互打手槍，卻是我人生中第一次性經驗，而且是跟另一個男的。這個經驗讓我感到興奮又害怕，卻也讓我更加肯定了自己是同志的性向。於是退伍後，我決定跟自己出櫃，「踏進這個圈子」，誠實地活出自己。

跟自己出櫃後，我想做的第一件事就是向我那時已談及婚嫁的女友表白，讓她知道真相，跟她分手。我不想再欺騙她，過著謊言般的生活，耽誤她的幸福。當然這個分手讓她非常傷心，幸好我們之間的情誼很深，能夠靠時間慢慢轉化，所以我們到現在仍是好友。

❖

對我來說，「踏進這個圈子」並不容易。出櫃前，我曾聽說台北二二八公園是同志出沒之處，所以我找了一個晚上，鼓起勇氣，自己一人去那裡試探一下。看著那些躲在陰暗處的陌生人，偷瞄到他們充滿飢渴、孤單又好奇的眼神，反讓我害怕得落荒而逃。

雖然那時台灣並沒有任何同志團體可以幫我，我也不想打住好不容易突破心結的出櫃腳步，在冷靜思考後，我想起來曾經在報上看到一篇報導，是有關當時唯一在社會上公開同志身分、倡導愛滋議題的祁家威，上頭刊登了他的熱線電話號碼（其實是他的私人電話號碼），當時我還特別把這篇報導剪下來留著。找到這篇剪報後，我再次鼓足勇氣，打了電話給祁家威，跟他說明我的狀況和我需要的幫助，於是他帶著我逛了新公園和幾家同志酒吧，也介紹我認識一些同志朋友。有了老鳥的護航與壯膽，讓我漸漸熟悉了同志圈的「文化」與活動。

但我很快就發現，當時的男同志都只敢躲在社會的黑暗角落生存著，公園、酒吧、三溫暖是同志唯一的活動範圍。除了祁家威，沒有其他人敢光明正大地在社會現身。在我所交往過的男友和周遭的同志朋友中，幾乎每一個人對未來都沒有憧憬，對人生感到非常黯淡，很消極、悲觀。這就是三十幾年前沒有網路資訊、沒有同志團體、沒有同志平權運動、沒有同志大遊行的台灣！

儘管我終於能夠真實地面對自己的同志身分，卻覺得這種躲躲藏藏的生活不是我想要的，於是我決定「逃亡」，離開家裡與社會的枷鎖，飛到美國留學，追求自由與自我實現。

03

逃亡

那是我第一次參加同志遊行。
當我身歷其中，心裡有著無比的震撼與感動，
那是我一輩子也忘不了的經驗。
當時我心想：「這就是我要的生活！我要光明正大地活著！」

出國留學，是我唯一能想到的逃亡計畫。

開始計畫出國時，我交了一個愛得很深的男友，他好帥、好有才華，跟他在一起時，我常會心悸心動，他也常望著我，有著同樣的感覺，感嘆著跟我在一起是多麼幸運。為了跟他多相處一些時間，我將出國計畫延後了一年。雖然我們如此深刻愛慕著彼此，卻也擔心未知的將來。他那時正面臨大學畢業後要入伍當兵，所以兩人約好，我先出國留學，等他兩年後退伍也跟著出國。就這樣兩人一起幻想著未來的日子，終於感覺到未來可以不再是黯然無望。我靠著在台灣工作三年的積蓄，在紐約市申請到一個有工讀機會的研究所，就在一九九〇年暑假隻身飛到美國，到一個人生地不熟的城市嘗試生存下來。

剛來美國的時候，好痛苦，一方面要適應新的工作環境、語言上的挑戰和研究所功課的壓力，另一方面要面對感情與社交上的孤立，以及文化上的衝突。在那個沒有電子郵件的年代，每一封信都要花上一個星期才能在台灣和美國之間往返一趟。這半年，為了維繫這段遠距離的感情，我幾乎每天像寫日記般寫信給在台灣服義務役的男友，可是他很少回信，也很不容易在電話裡找到他。不知道是因為軍中生活的種種限制，以及他休假時回到家中深櫃的束縛，還是因為其他我不明白的因素，他很少給我音訊，我只能反覆揣測，企圖說服自己，他仍是愛我的。然而每天回到家，總是面對空洞的信箱，感受著那顆期待的心一次又一次摔落在地上的疼痛。過了半年，我終於無法再繼續承受這種分隔兩地、音訊難繫的折磨，決定把心一橫，跟他分手。

❖

分手，雖然非常不得已、非常心痛，卻讓我的心重獲自由，我開始慢慢嘗試將自己的生活社交圈打開來。那時在工作上，我仍摸索著美國人做事和溝通的方式，也由於一直習慣躲在深櫃的生活，不敢透露任何我是同志的線索。有一次，與我共同使用一間辦公室的同事「好心地」警告我，某某男同事是同性戀，要小心一點，不要跟他走太近。她言語中對這位男同事的輕蔑，讓我清楚看到她對同志的歧視，也讓我驚覺到，即使在紐約市，同志仍會受到歧視，於是我更加不敢在工作上出櫃。有了這樣的心防，我很難在工作上交到知心朋友。

在研究所上課時，也同樣有這樣的心防，不敢跟同學走太近，怕他們察覺到我的「隱私」。那時研究所班上有幾位台灣來的學妹，跟她們聊天時，我總避而不談自己的感情生活，讓我成為他們眼中的神祕學長。只有在下班下課後，我才能獨自去探索紐約市的同志生活圈，所以我決定去格林威治村探險，因為那是當時紐約同志活動的大本營。我在那裡找到一家同志書局，裡頭陳列了一些免費的同志社區資訊和刊物，我隨手拿了一本回家，仔細翻看後，得知紐約有一個同志社區活動中心，也看到有個亞裔同志的團體，剛好在那週末有個定期聚會，而且就在這個活動中心舉辦，於是我興奮地準備好去參加。

這個團體的名稱是「亞洲人與朋友」（Asians and Friends），是當時紐約市唯一和亞裔同志有關的團體，但我不知道原來這是專門給白人「米后」（只喜歡亞洲人的男同志）和亞洲人社交的團體。在這樣無知的情況下，我那天晚上認識了兩個從台灣來和一個從香港來的留學生，得知他們一起合租一間公寓，離我當時跟其他台灣留學生合租的公寓不遠，我就這樣和他們成了朋友。我喜歡上其中一個從台灣來的，開始跟他交往。一段時間後，我決定搬進去和他們一起住。那時我們的交往引來很多白人米后的反目，因為我觸犯了他們的遊戲規則，從他們手中「搶走」一個亞裔同志！這也是我第一次經驗到美國同志團體的種族歧視。

這些年來，在美國經歷到的種族歧視例子很多。在同志社區中，亞裔男同志常被白人男同志鄙視或忽略。除了那些「米后」之外，其他的男同志常認為亞裔人沒吸引力，不值得交往。有幾次我和幾個亞裔朋友去一般的同志酒吧玩，有時我們會被擋在門口不得進去，或是被要求檢查證件，但其他種族的人卻可以大剌剌地從我們旁邊進去、沒被刁難。就算進到酒吧裡，看到其他種族的人在那裡釣來釣去，我們一夥亞裔人完全被忽略，好像空氣一般，雖然存在，卻視而不見。這也是為什麼我們通常只會去那間專門開給亞裔同志（和米后）的酒吧，那是當時紐約市唯一一間給亞裔同志的酒吧，因為位於五十八街，剛開始營業時叫做「五八俱樂部」，後來改名為「盤絲洞」，二十幾年後也關門了。

很多亞裔同志會將這種「白人優越主義」內化，不願意和其他亞裔人交往。有一次我問了一位亞裔同志朋友，為什麼不想和其他亞裔人交往？他說：「其他亞裔人就像我的兄弟姊妹淘一樣，我才不想亂倫跟兄弟姊妹交往呢！」我心想，那你為什麼不會認為白人和白人交往也是亂倫？

在一般社會中，我也經歷過不少種族歧視事件。那時剛來美國，英文還說不流利，口音也重，所以常在商店裡或電話中受到粗魯不耐煩的待遇。工作上常有心理壓力，覺得要加倍努力，才能讓別人看到我的能力。想要面試主管職缺，卻很難受到重視、錄用。有次在市郊開車，突然被警車閃燈逼到路邊，明明知道自己沒有觸犯交通規則，但白人警察竟然開了我一張罰單，還大聲強勢地喝止我，不准我為自己辯護。那次經驗之後，每次我開車看見警車或警車的閃燈時，心跳總是會加速，手心開始出汗。

❖

與這位台灣留學生發展出穩定的關係，讓我對同志生活展開了更多正向的憧憬。記得來紐約第二年的六月底，我們一起參加了紐約市規模浩大的同志大遊行，那是我第一次參加同志遊行。當我身歷其中，親眼看到這麼多各式各樣的同志勇敢地、光明正大地在街上歡心慶祝著，心裡有著無比的震撼與感動，那是我一輩子也忘不了的經驗。當時我心想：「這就是我要的生活！我要光明正大地活著！」

於是研究所畢業後，我離開工讀的工作，找到一份願意幫我申請工作簽證的職位，靠著工作簽證取得綠卡居留權後決定留在美國，不想回去台灣過著深櫃的生活。有一次，發現這個新工作機構的主管是個收養了一個孩子的男同志，他的伴侶會帶著孩子大大方方地來這個機構探望他，我的直屬上司和同事們談到這位主管時，都有著欽佩讚賞的態度，這讓我感覺到，這是一個我可以安全出櫃的工作環境。隔年同志大遊行的週末來臨前，我公開地跟同事們分享我週末會去參加遊行的計畫，正式向他們出櫃。

這是我第一次在工作上出櫃，雖然很緊張，卻也鬆了一口氣。原來出櫃最大的障礙除了社會的歧視外，其實是自己心裡的疑慮，它們源自於從小耳濡目染、漸漸內化在心裡的歧視，這樣的包袱需要抽絲剝繭般慢慢除去。出櫃這個舉動給了我勇氣與信心，開始褪去一層層疊加在我身上的羞愧與不安，慢慢建立起對自己的信心與肯定，也了解到對同志的歧視是歧視者的錯誤，而不是同志自身的問題。就這樣，我慢慢學會不在乎別人歧視的眼光與言論，開始理直氣壯地過著身為同志的生活。

那時候，紐約市成立了另一個名叫「紐約亞太裔男同志」的團體，有別於「亞洲人與朋友」。這個團體中沒有白人，只有亞太裔的男同志，它會成立也是因為看到亞太裔男同志在「亞洲人與朋友」和其他同志社群中，所遭遇的種種不平等待遇。亞太裔同志在同志組織裡通常沒有發聲權，或是遭到忽略漠視，像是在「亞洲人與朋友」這個組織裡，雖名為亞洲人的團體，卻是白人在主導一切。加上亞太裔同志面對出櫃問題時需有文化上的考量，這是一般以白人為主的同志團體所無法顧及的。於是他們想要創造一個只屬於亞太裔同志的安全空間，讓他們能獨立自主地互動，不受白人牽制，擁有自己的主導權。

這個團體除了定期聚會之外，也積極投入社會運動，參與一些抗議活動。我剛加入時，因為覺得自己的英文不夠好，加上在台灣長大的經驗不同，感覺和那些在美國長大的亞太裔同志有點隔閡。在參加許多活動講座和聊天後，才了解亞太裔同志在美國所面臨的處境，特別是同志壓迫與種族歧視交叉所產生的相關議題，以及議題背後的社會機制和歷史背景。原來，亞太裔移民到美國的歷史、白人帝國主義的殖民政策和奴隸制度，以及白人優越主義與現今在同志團體中的種族歧視，是息息相關的。

這些知識的長進，讓我更清楚了解自己為什麼這幾年在美國會有這些種族歧視的遭遇，也讓我漸漸明白亞太裔同志該如何為自己爭取權益。我愈來愈投入亞太裔同志的倡議運動，對於自己同志身分的認同愈趨正向，對這個多元社會的議題更加積極參與，也強化了對抗歧視的自信心與動能。

❖

在這同時，和我交往同居的這位台灣留學生卻計畫往不同的人生方向走下去。

他在台灣有兩個姊妹，但他是家中獨子，加上父母年事已高，他覺得自己應該擔負家庭重任，打算念完博士班後回台灣找教職，就近照顧父母。他說為了照顧父母，願意躲回櫃子裡。那時他的博士班課程已近尾聲，而我並不想回到台灣的深櫃裡，再一次過著那不見天日的灰暗生活，於是我提出分手。

我和這位台灣留學生在一起兩年多，是我截至當時為止維持最久的同志關係，然而這次分手不像上一次那麼痛苦，反而是平靜地攤開來談。

分手後，我開始和不同種族背景的人交往，有亞洲人、黑人、拉丁裔人、白人，我想拓展交往對象的範圍。經歷了幾個短暫的感情經驗後，我認識一位文質彬彬、小我幾歲的白人，原本以為遇見了「真命天子」，沒想到竟是我生命中另一個黑暗期的開端。

04

家暴與療傷

我以爲這些只是相處中的個性磨合，
其實都是家暴前兆的「警訊」。
我仍經歷著「創傷後症候群」，
必須走療傷的路程。
思鐸總是安靜地陪伴我，
讓我在需要喘息時仍能得到安全感。

對很多沒有經歷過家暴的人，「家暴」只是一個聽起來很不幸、抽象但不可能發生在自己身上的遭遇。

我和約翰是在紐約市的「五八俱樂部」認識的。看到約翰時，發現他的視線不斷地往我這邊掃過來，他留著一個修剪整齊的小山羊鬍，一身襯衫西褲的乾淨打扮，外表文質彬彬，卻像是個想要掩蓋年輕歲數的人。我主動跟他搭訕，聊天中，他流露著羞赧的表情，但很健談、風趣，於是我們相約見面，就這樣交往起來。

交往中，他常表示有多麼喜歡我，我也得知他如何在喪母後，拿著母親遺留給他的一點錢，一個人跑來嚮往已久的紐約市闖天下，只是工作一直找得不順利。約翰一方面讓我覺得他充滿魅力，常對我表達愛意，另一方面卻開始在大事小事上挑剔我，並且慢慢限制我跟其他朋友的來往，要求我多花些時間和他在一起。那時，我以為這些只是相處中的個性磨合，完全不懂其實都是家暴前兆的「警訊」，我便常以息事寧人的態度來面對這些「警訊」。

交往了幾個月，約翰因為在紐約市的謀職仍不順利，積蓄所剩不多，想回去他的出生地芝加哥找工作，所以他提出來要我跟他一起搬到芝加哥。當時經過幾個月起起伏伏的相處，面對他時而甜蜜、時而尖酸的情緒，加上我已慢慢遠離自己的朋友群，生活中除了工作，都是以他為軸心環繞著，這樣的生活讓我對紐約市感到心煩，想說換個環境可能情況會好轉，就答應他一起搬到芝加哥。

於是我請假跟他去芝加哥一趟，我很快就找到工作，也訂了一間公寓。回到紐約便開始整理行李，預約搬家貨車。因為那時約翰沒有工作，我就擔待下來這些費用。就在行李都打包好並裝到搬家貨車上，準備隔天出發的那一晚，約翰突然提出分手，理由是他不想被局限在兩人的世界裡，想要有多些自由來發展自己，可是又信誓旦旦地說不想失去我。面對約翰這些冠冕堂皇又荒謬至極的分手藉口，而我因為已經辭掉紐約的工作，退租紐約的公寓，簽了芝加哥的工作與公寓契約，還付了公寓訂金，在沒了後路的情況下，加上身心已經極度疲累，決定還是跟他搬到芝加哥。

❖

這次搬家完全是兩人自己動手，出發前將各自的家當，分別從兩人的公寓裝到貨車上，開了兩天的路程抵達芝加哥後，再把所有東西從貨車上搬進沒有電梯的二樓公寓。當我搬到手腳無力、在樓梯上不禁發抖想要休息一下時，約翰竟然發起脾氣，要求我趕快搬完、不准偷懶，還怒斥我不許粗心地把東西摔壞。當時我的心已死了一大半，沒精力跟他爭吵，只能身體流著汗、心裡淌著血，咬著牙度過夢魘般的一夜。

來到芝加哥，我明白了為什麼當初約翰堅決找一個有兩間臥室的公寓，他要我們以「室友」身分在同一棟公寓裡，分住不同的臥室。通常到新的城市，心情應該是充滿興奮與期待，我那時的心情卻是無比沉重，而這個新城市的新生活，也成為我更惡劣夢魘的開始。

雖然我們應該只是室友，他卻常對我說有多麼愛我、多麼不想失去我，親熱地對待我。然而，同時他也常常在晚上去酒吧喝酒、認識別人，找工作一直沒下文。就這樣耗了幾個月，我再也忍受不了這種反反覆覆、心口不一的行為，終於鼓起勇氣對他說，我不願意再這樣耗下去，要跟他明確分手，開始和別人交往，過自己的社交生活。

那天晚上，約翰喝醉酒回來，衝到我的房間對我發脾氣，斥責我怎麼可以這樣對待他，然後抓著我的脖子開始掐我。我很驚嚇卻無力反抗，可能是這些日子以來被約翰的精神暴力折磨得心疲力竭，失去了反抗的動力，那時心裡只想著，這樣的結束或許是種解脫吧！

當約翰從酒醉中驚覺到他幾乎要掐死我的時候，便鬆了手。等我回過神，趕緊打電話給一位剛認識的朋友，匆匆逃到他家過夜。那一夜是在驚惶失神中恍恍惚惚度過的，我只記得瞪著天花板和牆壁，卻不記得是否闔過眼。隔天我跟房東告白，幸好房東很善解人意，同意讓我提早終止租約，我也很快地找了另一間單人公寓就搬走了。

經過這次事情，我覺得自己的韌性滿強，畢竟過去已經獨自度過很多難關，就想拋開這段不愉快的經歷，繼續往前邁進。因此幾個星期後，我在報紙上登了徵友啟事，認識了思鐸。

❖

就在我以為自己已經從夢魘中走出來了，也認識一個很好的人，可以開始經營一段健康的親密關係，沒想到我仍經歷著「創傷後症候群」，必須走療傷的路程。

離開約翰後、認識思鐸之前，我跟其他人約會過，但總覺得沒什麼勁，有一種莫名的忐忑不安，約會一次就猶豫是否要繼續。剛認識思鐸時，也沒有一見鍾情的觸電感，只覺得他是個很好的人，值得我多花時間和他相處，更深一層去認識他。

和思鐸在一起的前幾個星期，有好幾次我的情緒會因為一些毫無相關的小事而突然凝固起來，心情糾結成一團，不知道該說什麼，也不知所措，就愣在那裡。幸好思鐸有諮商的背景，他很有耐心地慢慢詢問我。有一次，我對思鐸提及和約翰在一起時發生的事情，他很明白地告訴我，我所經歷的這一段是家暴，是親密關係中的暴力，而我的情緒凝結是一種「回閃」（flashback），因為我正在經歷「創傷後症候群」。

那天我哭了，哭得很厲害，久綳的情緒瓦解了。居然有人懂我，也不因為得知我所經歷的事而嫌棄我，反倒因為看到我真實的一面、我的內在而更疼愛我。但我不知道自己是否真的值得這份疼愛，覺得自己已經是破碎不完整的人，還能得到幸福嗎？還有辦法重拾那個已經被約翰瓦解掉的自信嗎？

在思鐸的建議下，我找了一位也是同志的心理治療師，開始接受諮商治療。同時，思鐸也給了我一本專講男同志關係中家暴的書。於是我一邊讀這本書，一邊接受諮商治療。然而幾次的諮商治療後，我感覺心理治療師的切入角度並未對我有任何幫助，他只著眼在心理動力、精神分析方面，一直要我講家庭背景，但我想要先處理好創傷後的情緒反應，感覺他並不太懂家暴的相關議題。當我發現從書裡得到的助益比諮商治療更多時，我決定停止諮商治療，繼續靠著讀書來療癒自己，而思鐸也很支持我的決定。

我從書裡明白，在家暴關係中，施暴者是如何使用各種手段來控制受害者、限制受害者與親友的關係，並將受害者孤立起來，以便變本加厲地掌控。除此之外，施暴者還會藉由各種責怪的言行，慢慢瓦解受害者的自信心。但這種情感暴力並不是持續不斷，中間總會有很多懺悔、好轉和甜言蜜語，讓受害者以為不好的事只是暫時的，事情終究會更好，殊不知這只是「暴力與甜蜜」的反覆循環，延伸施暴者對受害者的控制。而這種暴力循環終究會加劇，加深對受害者的傷害，很多時候甚至演變成悲劇的結局，特別是當受害者想要反抗離開，或施暴者覺得自己將失去對受害者的控制時，施暴者往往在這個時候對受害者施加終極暴力手段，很多受害者就在準備離開施暴者時遭到殺害。

書中講的這些情況，就好像在述說我和約翰在一起時經歷的一切。藉由這些認知，我懂了為什麼我會有這些遭遇，為什麼會有這些情緒反應，我也開始原諒自己，不再責怪自己為什麼沒有早點離開約翰，畢竟沒有人生來就懂家暴關係中的種種互動關係與控制。我也開始跟自己對話，每當有「回閃」的時候，就會注意自己的情緒，告訴自己：思鐸不是約翰，這是不同的情境，我可以有不同的選擇來處理這些情緒。我也會對思鐸明說，自己正在經歷回閃情緒，需要他給我一點空間，給我一個安全的空間。在這些情境下，思鐸總是安靜地陪伴我，讓我在需要喘息的時候仍能得到安全感。

就這樣，憑著我自己的努力，加上思鐸給我的耐心、愛心與安全感，我回閃的次數愈來愈少，也愈來愈能信任思鐸，我知道自己慢慢療癒了。雖然與約翰在一起的時間只不過將近一年，卻讓我體驗到家暴的殺傷力。這些年來，約翰在我身上的陰影已經不見痕跡，但我仍經常思考著什麼是原諒。我學會原諒自己，可是要原諒一個傷害你很深的人並不容易。

我們可以用理智去了解為什麼施暴者會變成這樣的人，為什麼他們心裡通常有未癒合的傷痛，以及為什麼使用暴力是一種心理問題的表徵，然而使用暴力畢竟是一種選擇，任何暴力能有藉口嗎？難道施暴者的精神已經病到無法做出理智的選擇嗎？很多學者認為，施暴者的確有某種程度的精神疾病，需要治療，但不足以成為要求倖存者去原諒施暴者的理由。是否原諒施暴者，是倖存者有權力做的決定，是按照自己的時間表而權衡出最善待自己的方式所做的選擇。而且，原諒也不是一種有或無的二分法選擇；原諒，是一段沒有時間表的旅程，誰也不知道什麼時候會抵達沒有定點的終點站。

當我從這個夢魘走出來後，曾幾次在公開場合演講宣導，讓大眾對同志關係中的家暴議題有更多了解與重視。同志關係中的家暴被稱做「說不出口的雙重祕密」，因為以異性戀為常態的社會與對同志的歧視，讓很多同志無法出櫃，更無法啟齒說出自己經歷到的親密關係暴力。而性別刻板印象認為，家暴只會是男對女的施暴，更讓很多人無法明白，家暴中的權力不平衡是與性別無關的，而且社會上對同志的歧視更加重其關係中的種種問題。根據統計，家暴在美國已經成為男同志身心健康的第三大問題。台灣雖然是亞洲第一個訂定「家暴法」的國家，很早就將同志伴侶列入保護對象，可是同志在發生親密關係暴力時，仍然有很多求助上的阻礙，所以我們還需要在教育和實務資源上更加努力。

❖

選擇是否原諒約翰，也跟選擇是否原諒我父親一樣，很難。

父親退休多年後，身體出了很多問題，也患了失智症。當他病重到需要專人照顧時，我兄姊聘用了一位越南籍看護，居家照顧父母親，兄弟們一同分攤費用。二〇一二年父親去世時，我趕回台灣奔喪，回到家後，我和哥哥們輪流在夜裡守喪。在夜深人靜時，我望著父親的大體，千思萬緒浮上心頭，其中一個念頭慢慢沉澱下來，於是我在心裡對著父親的大體說：「謝謝您！我也原諒您！」這是我在這麼多年後終於達成的和解，我謝謝父親給我生命，給我小時候經濟上的支持，同時原諒他對我施暴所帶來的傷痛，原諒他沒能給我兒時所需要的愛與關懷。這樣的和解，終於讓我能夠流下眼淚，哀悼逝去的父親。

雖然我不願意為暴力找藉口，但這些年來對很多事情的了解，讓我比較能以理性思考，體諒父親是如何在傳統社會裡求生存，他畢竟也是系統壓迫下的受害者。在男性為尊的父系社會裡，他因為家境清寒而必須「降格」入贅到母親家；在一個必須以巴結奉承得到升遷的公職系統裡，他正直木訥的個性讓他感到格格不入，儘管他努力盡責，終身仍屈就於警員職位，得不到升遷。這多年的積怨與壓抑，就在他看到沒有男子氣概的么兒時，整個宣洩出來，讓我變成他的出氣筒，讓他想用打罵把我塑造成他心目中應有的男子形象，卻也常在打罵中情緒失控，讓教訓變成了虐待。

或許因為看透了這些事，也或許是時間與空間上的距離，讓我終於有辦法原諒父親。原諒，也是療傷過程中的一站。

05

思鐸

別人要跟家人出櫃，常常搞得大風大浪，

思鐸跟家人的出櫃，卻只是雲淡風輕。

思鐸的身世背景，相對而言，雖然簡單，卻和我有很多不同的經驗。

❖

思鐸生於一九六二年，是在芝加哥南郊一個中產家庭長大。他是長子，只有一個妹妹，名叫艾莉森。

他的父母都是在美國經濟大蕭條的那個年代長大的。媽媽是蘇格蘭裔，在紐約州水牛城的中產階級家庭長大。她從小就不喜歡傳統女孩子的玩具或遊戲，反而喜歡科學與知識的追求。她的父母受到經濟蕭條的影響，鼓勵孩子讀大學，以便找到穩定工作。她一口氣讀完博士班，當上植物學教授後，意識到在那種環境裡想成家有小孩的機會不大，於是透過報紙的徵婚啟事來找伴侶，就這樣認識了思鐸的爸爸。

爸爸是英國裔，祖先是搭乘五月花號從英國到美國的第一批殖民。他在印第安納州鄉下的一個勞動階級家庭中長大，夢想當飛行員，卻因為視力不好，只能改當飛行教練。然而飛行教練的薪資微薄且不穩定，為了結婚成家後能負擔家庭費用，他又重回學校修研究所學分，成為高中的圖書館員，之後又轉到另一所高中擔任教職，直到退休。

媽媽生了小孩後，為了順應當時社會規範而辭掉工作，在家擔任母職。等到兩個孩子讀中學時，她想重回職場，可是當時植物學界已經變化很多，她知道自己無法與人競爭，就決定再去讀個碩士，成為醫學圖書館員，也在這個職位上直到退休。

思鐸的爸爸很喜歡讀報紙、談政治，也愛辯論，卻很容易動怒，雖然不曾動手打小孩，但言語上的暴力經常不斷，使得思鐸與艾莉森常與爸爸起衝突，兩人並不親近。媽媽則一直是家裡精神上與經濟上的支柱，因為她很會顧家顧小孩，也很有理財能力，懂得儲蓄投資，將微薄的薪資增值，讓家裡在經濟上不曾匱乏。思鐸和艾莉森小時候因為個性上的差異，相處並不好，思鐸很外向，又喜歡嘲弄艾莉森，兩人常常吵架。一直到長大成人，兄妹感情才變好。

❖

思鐸的成長過程中，因為性別氣質和一般男孩不同，以致在學校常被其他同學嘲弄霸凌，甚至回家路上遭同學打。那時的大人們不管這種事，而他因為害怕，不敢告訴大人。他長大的小鎮是在二次世界大戰後發展出來的新社區，裡面有很多二戰退伍軍人家庭，這些家庭為了在社會上爭得一席之地，便盡量遵循傳統社會的標準，努力塑造成典範家庭。所以在這樣的社區中，一旦有小孩的性別氣質和性向與傳統不一樣，馬上就會成為被欺負的標靶。他的家庭還有一個特點，就是父母兩人都是內向型的知識份子，不善社交，很少跟鄰居來往，只對圖書藝文、環境議題及政治時事有興趣，這與社區裡其他家庭比起來，更顯得格格不入，也讓思鐸成為鄰居孩子嘲弄的對象。

被嘲弄霸凌的情況，到了初中才開始好轉。思鐸終於找到志同道合、喜歡藝文的書蟲朋友。他是個很外向的人，有了自己的社交圈後便開始大展身手，加入了學生會、戲劇社、樂團、合唱團。除了在校車上還是會碰到一些搗蛋鬼、上體育課時仍不順心之外，他的初中經驗比小學好多了，他常在一些藝文表演活動中展現風采，也有女生願意陪他參加學校舞會，讓他能藉此隱藏喜歡男生的性向。

升高中時，他的初中班級被瓜分到兩所不同的高中。很不幸地，他的朋友們都被分配到另一所高中，而他得和那些小學時經常欺負他的人再次同校。還好，思鐸交到幾個新朋友，加上功課不錯，也投入很多課外活動，讓他熬過了高中，離開那個鳥不生蛋的小鎮，去外地讀大學。

在高中時，他有了第一次和男生的性經驗，也確定了他喜歡男生的性向。不過他還是不敢公開和其他男生交往，直到上了研究所，才有了第二次跟男人的性經驗。或許高中時在劇團裡表演訓練的經驗，讓他知道如何好好演戲，掩飾自己的性向。

大學時，思鐸狂熱地投入社團活動，滿足他外向個性的社交需求，同時也交了一群好朋友，至今還一直持續著他們的友誼。有趣的是，思鐸在大一下學期被「感化」成基督徒，不過當他暑假回家跟父母提起這事，竟然被取笑說他的批判性思考還不足，才會被洗腦。結果在父母的「刺激」下，他回學校加選了第二主修——研究世界宗教學，只是這舉動也延緩了他跟自己的出櫃，因為他嘗試在各個宗教裡尋找性向方面的解答。當然，他並沒有找到想要的答案。大學時曾跟幾個女生交往，不過都不了了之，直到上了碩士班讀心理諮商時才踏出櫃子，展開為期十年的雙性戀歷程。

讀碩士班時，思鐸修了一門「性諮商」的課，這門課是由著名的心理學家貝爾博士（Dr. Alan Bell）開的，他曾在金賽性學研究機構從事諮商方面的研究，其對同性戀議題的大型研究推翻了當時學術界的普遍認知，釐清了同志的汙名，清楚指出同志並不是社會適應不良的人。這門課也包括了一個「性態度重估」（Sexual Attitude Reassessment）的週末工作坊，而這個工作坊加速了思鐸出櫃的腳步。

思鐸先跟妹妹出櫃，約了她到餐廳吃飯詳談。沒想到艾莉森一點兒也不以為意，認為這又不是什麼大事，她只想知道午餐可以點什麼來吃。接著他跟父母出櫃，結果思想開明的父母也一下子就接受了，媽媽還說，原本以為有其他更嚴重的事讓思鐸悶悶不樂，得知只是這麼一回事就鬆了一口氣，還補充一句說她覺得自己可能也是雙性戀！別人要跟家人出櫃，常常搞得大風大浪，思鐸跟家人的出櫃，卻只是雲淡風輕。

❖

在這十年認同自己是雙性戀的歷程中，思鐸和男人、女人都交往過。他一直想要有固定的伴侶關係，卻發現當時所遇見的男人只對性有興趣，反而那些和他在一起的女人則對伴侶關係較有興趣，所以在這十年內，他前後和兩個女人建立過伴侶關係。有趣的是，這兩個女人與他分手後都出櫃為女同志！

漸漸地，思鐸對女人不再感興趣，結束了雙性戀的自我認同。後來，他去舊金山參加雙性戀研討會，在當地酒吧認識了第一個願意建立伴侶關係的男朋友，不過那時他正在俄亥俄州攻讀博士，只能和這個人維持遠距關係，最後也分手了。

讀諮商學博士班時，思鐸認識了三位諮商界的女性先鋒，她們對思鐸造成了極深遠的影響，幫助他在社會正義與性別議題上增進了許多專業知識，也讓他在自我認知與成長上改變許多，他因此更加了解到，身為白人男人的他應該負有什麼樣的社會責任。諮商學教授傑克森博士（Dr. Anita Jackson）及阿諾博士（Dr. Mary Smith Arnold）幫助思鐸深入了解社會壓迫的多重議題，包括種族歧視、性別歧視、異性戀霸權、民族／種族認同發展、世界觀模式等，以及這些議題對諮商工作的重要影響。思鐸畢業前的臨床實習，則是跟著一位女性主義的性學專家可第思波提醫師（Victoria Codispoti, MD），她是一名精神科醫師，幫助思鐸對性諮商建立了多面性、完整性的了解。同時，思鐸也在傑克森博士的協助下，為系上的研究所設立了第一個性諮商課程，以及第一個進階的多元文化諮商課程。

博士班結束時，思鐸做了兩個重大決定：第一，他接下了芝加哥市郊一所大學的教職；第二，他重新出櫃，離開雙性戀的認同，成為男同志。就在他從俄亥俄州搬回芝加哥的幾個月後認識了我，展開這段長久的伴侶關係，建立起我們生命中的奇妙樂章。

06

同居，磨合，求婚，出櫃

在同居的日子裡，我們學習接納、相惜。

我們著手計畫「非法婚禮」，

希望能將相隔八千哩遠的兩個家庭連結在一起。

當我漸漸從家暴的陰影中走出來、慢慢愛上思鐸時，約翰又出現了。

約翰透過一位我們共同的朋友找到我的住處，想要挽回我。那天，他在我的公寓樓下按對講機，我一聽到是約翰就不再出聲，不想理他。在我療傷的過程中，我了解到和施暴者切斷關係的重要性，這能幫助我離開他的陰影，不再被他影響，所以我很堅定地不去理他。幾分鐘後，他突然在門口用力敲打，大聲喊著要我開門跟他說話。我嚇得噤口不語，身體開始發抖起來。回神後，我趕緊打電話給思鐸，跟他求救兵。思鐸先安撫我，然後教我如何打電話給警察，跟警察說有人擅自闖入。掛完電話，他火速開車到我的住處。

思鐸來到我的住處時，約翰已不見蹤影。幾分鐘後，來了兩位白人警察，當我述說發生的事情緣由時，他們居然一副愛理不理的態度，很明顯是對同志和種族歧視的混合表現。思鐸看到這個情況，馬上心裡有數，便用起他身為白人、大學教授又說著一口標準英文的種種優勢特權，當場給這兩位警察來個機會教育，讓他們了解家暴也會發生在同志關係，而且家暴的嚴重性是事關人命的。最後他們同意讓我登記報案，將約翰「擅闖私所」的罪行列入紀錄，給了我憑據，可以透過律師到法院申請「禁制令」，防止約翰再來侵擾我。

這件事給了我滿大的震撼，卻也讓我對思鐸更加信任，與他的心靈愈來愈契合。為了使我有更多的安全感，思鐸常邀請我在他的住處過夜，我們相處的時間愈來愈多，於是開始討論是否要一起住。因為那時我在付房租，思鐸在付房貸，我們決定等到我的租約到期，就搬到思鐸買的「康斗」（Condo，共管公寓）正式與他同居，省掉一筆租金。

思鐸的康斗位於芝加哥上城一棟叫做「梅爾巴」的公寓建築中。這一區有很多歷史悠久、只有四或五層樓的公寓建築，大部分都有石材或磚頭建造的外表，極具特色。隨著都市發展，很多老建築被翻新裝潢成共管公寓。思鐸從他媽媽那裡學會理財，就在他剛搬到芝加哥於大學任職時，買了這間有兩個臥室的康斗。

❖

同居，對兩個三十幾歲的男人來說，是一個很大的挑戰。然而，這個挑戰剛開始並不是擔心「是否處得來」的問題，畢竟我們已經在交往期間確定了彼此應該相處得來；這個挑戰是要設法把我們兩人的兩套家具用品，塞進這個只有二十坪的小公寓。幸好，思鐸的父母住在芝加哥南郊，他們的房子有車庫和地下室，可以讓我們暫時儲藏一些東西。這個經驗也給了我們一個念頭，也就是合資買個較大的康斗，而這個念頭正式將兩人的財務合併在一起。

這個「梅爾巴」康斗雖小，卻是我們一起編織未來的起點，我在這裡學會如何和那隻對思鐸非常死忠的喜樂蒂牧羊犬相處，也在這裡和朋友一起慶祝了我們的「訂婚」。其實同居在一起的挑戰，不只是表面上合併家具的難題，更深的難題是要學習如何平衡我們的世界觀，如何整合我們在文化上的差異，如何調整並接納我們在個性上的不同。

思鐸跟我分享他從指導教授阿諾博士學到的一種態度，就是要「愛上差異」。因此我們努力學習尊重欣賞彼此在語言、個性、文化上的種種差異與優點，慢慢調整自己的態度，不要求對方做改變，或企圖改變對方。舉個例子，我們剛在一起時，我習慣用「群體主義」的思考模式來處理問題，講求的是兩者兼顧、建立共識，思鐸則習慣以「個人主義」、用「二選一」的模式面對事情。磨合了一陣子，我了解到很多時候「犧牲小我，完成大我」並不是好選擇，思鐸也學習到「個人主義」的自私不足之處，所以我們兩人會很用心地拿捏、互補，將事情處理到盡如人意。

而我們之間還有另一個很大的差異，就是語言溝通方式上的不同。這個差異的來源不只是語言文化上的不同，也加乘了我們在個性上的不同。英文不是我的母語，我們剛認識時，我對英語會話能力仍無法駕馭得很熟練，所以講話時常常用字精簡，或是用詞捉襟見肘，再加上個性較內向，更是不喜歡言語繁瑣、嘮嘮叨叨。思鐸剛好相反，他的個性外向，講話時常離題、東扯西扯，講了很久才進入正題，或是用詞華麗，以大篇論述來說明一個要點。所以思鐸學會提醒我：「拜託你多說一些話、多解釋一下，我還沒聽懂你在說什麼！」而我也學會耐心地等著思鐸慢慢進入主題，在必要時提醒他趕快釐清重點。

美國很多中上階級的家庭裡，父母會留財產給子女，子女並不需要「供養父母」，這和我從小被灌輸要奉養父母的社會價值觀有很大的不同。所以我必須耐心地解釋給思鐸聽，讓他了解為什麼我有這樣的社會職責，要送錢回台灣給父母用。當思鐸了解後，他欣然同意並支持我這麼做。他一方面想更加鞏固我們的伴侶關係，另一方面也想努力成為一個好的台灣「子婿」，被我家人接納。更何況，當時台灣並沒有社會安全福利，也沒有完善的退休制度，很多父母勞苦一輩子，把錢都花在孩子身上，當老年退休沒有收入或收入有限時，孩子是他們唯一的經濟支柱。

很多人會好奇同志伴侶是怎樣分工的，也會問「誰是男的，誰是女的」。不像很多傳統的異性戀家庭，我們沒有照著刻板的「性別角色」來分工、分角色，而是按照「專長」來分工。我比較會做飯，常有點子在菜色上做變化，而思鐸只會做固定的五種菜餚，習慣週一到週五晚上輪流吃，這樣就不必花心思打點，所以自然而然地，做飯就變成我的專工，思鐸則成了「工友」負責收拾餐後，也負責打掃。我曾在軍中受過嚴格訓練，養成摺衣服一規一矩的習慣，而思鐸有隨便收拾衣服、「不拘小節」的習性，我只好扛起整理衣服的重責大任。思鐸個性外向、風趣，很自然地擔任起「娛人」的角色，逗我開心、安排聚會、招呼朋友。另外，思鐸一直喜歡管帳，雖然我在這方面也可以做得很好，但我決定讓賢，由思鐸來負責。至於買菜等其他閒雜家務事，我們則是按照兩人的工作時間表來安排。

❖

在同居的日子裡，我們花了很多時間磨合，更深地認識、了解彼此，甚至內心深處的不安全感和創傷也浮上了檯面，彼此赤裸裸地面對整理，學習接納、相惜。就這樣，我們的伴侶關係邁入下一個階段，開始討論如何進一步鞏固關係。我們看到的榜樣，只有異性戀伴侶關係中的訂婚、結婚和組織家庭，但當時美國的法律仍不認可同志婚姻，我們的關係也無法受到任何法律上的保障。我們不願讓這個困境阻擋想組成家庭的意願，即使不合法仍想要結婚，那麼婚禮前應該先訂個婚吧！

既然我們不是傳統的男女異性戀結合，當然不必遵循父權體系下訂定的「婚姻規則」，於是我們決定用不一樣的儀式向彼此「求婚」。首先，我們一起到珠寶店挑選了兩人都喜歡的戒指。接著，我們商討要在什麼地方向彼此求婚，各自挑選了兩個對我們分別有特殊意義的地方。我一直很喜歡日月潭的山和水，所以我要回到生長的故鄉台灣，在日月潭的山中，臨著湖水向思鐸求婚。思鐸在芝加哥南郊長大，那附近是美國中西部大平原區，沒有什麼山水合一的地方，所以他選擇到芝加哥市中心，在密西根湖邊的一棟摩天大樓樓頂餐廳，俯瞰著大湖向我求婚。

這麼決定後，我們開始安排一起回台灣的計畫，也讓我能正式引見思鐸給家人。那我該如何介紹思鐸給我的家人呢？我想真實地活出自己，不再欺騙隱瞞，而且訂婚、結婚是人生中很重要、很快樂的里程碑，我應該將這份喜悅與家人分享。於是，在幾番考量後，我決定在我們一起回台灣前跟所有家人出櫃。

一九九〇年代中期，電腦網路正要發展，台灣的同志運動才剛啟蒙，一般人能接觸到的同志資訊仍然有限。在這樣的年代，要跟家人出櫃談何容易！

決定要跟全家人出櫃後，一向喜歡從書裡尋找資訊答案的我，跑到芝加哥一家同志書店，買了一本《如何向家人出櫃》（*Coming Out to Parents: A Two-Way Survival Guide for*

Lesbians and Gay Men and Their Parents）的英文書。仔細研讀後，分列了各種向家人出櫃方式的優缺點，我決定寫一封家書跟家人出櫃。畢竟我人在美國，與家人相隔八千哩路，那時國際長途電話又貴，我無法在電話中三言兩語就跟家人出櫃，而且除了爸媽外，我有這麼多的哥哥姊姊，一個個打電話太不實際。

那時李安的電影《囍宴》剛上映，劇中主角正好也是美國白人與台灣人組合的同志伴侶，不過劇中的台灣人無法正面公開地向父母出櫃，只好辦假結婚，卻因此帶來一連串的風波。雖然我在這部電影中看到類似的文化衝突，以及台灣父母對同志議題的不了解與擔憂，但我選擇不同的道路，要跟家人出櫃，要正向地處理這件事情。我不確定這部電影是否合適作為我跟家人出櫃的橋梁，加上當時台灣仍然沒有任何有關同志出櫃的書籍或資料，可以幫助家人了解同志議題，處理他們面對我出櫃後會有的情緒反應，所以我決定在這封家書裡除了解釋我的心路歷程，還必須寫上這方面的資訊。就這樣，我用稿紙洋洋灑灑地寫成一封「萬言家書」。

❖

其實在決定跟所有家人出櫃之前，我已經陸續向六哥與大姊出櫃了，因為我直覺他們會比較支持我，所幸他們的確也很支持，接納我是同志。六哥在我跟他出櫃時，說他早已懷疑，所以並不吃驚。我約了大姊吃飯，她聽聞後難過得哭了，一方面以為自己沒把我照顧好，才造成我變成這樣子，另一方面又擔心我會得愛滋。在我清楚說明後，大姊接納了我，還說怕我老了沒人照顧，要跟她的兩個兒子交代，將來要承擔起照顧小舅的責任。

有了跟大姊和六哥出櫃的經驗，我在寫家書時，心裡更篤定要如何表達。為了遵循我們傳統的「倫理孝道」，我決定先把家書寄給所有的哥哥姊姊們，詢問他們是否允許我跟父母出櫃。他們收到信後，雖然大部分的兄姊可以接受我是同志這件事，他們還是決定召開「家庭會議」，會議後要求我絕對不能向父母出櫃，因為擔心父母年事已高，會承受不起「這個打擊」。

為了尊重兄姊的決定，當我和思鐸一起回到台灣時，雖然其他家人早已心知肚明，我還是以「室友」身分把思鐸介紹給爸媽認識。當然紙包不住火，加上母子連心，媽媽見到我和思鐸的相處關係，心裡已經有底。在我們離開台灣的前一天晚上，媽媽在睡前敲我房門想找我說話，可是她一句話也說不出口，就抱著我哭，我也陪著她哭，似乎我們只能在眼淚中得到默契。所以我們離開台灣後，她就問姊姊，想知道我是不是同性戀。姊姊是虔誠的基督徒，不敢說謊，只好坦白告知，就這樣幫我向媽媽出櫃了。

當我從媽媽口中聽到這事時，剛開始我心理很氣憤，覺得姊姊剝奪了我跟父母出櫃的機會，但思鐸勸我說，其實這是好事，因為這樣我既沒有違背兄姊的要求，也達到了想跟父母出櫃的心願，聽了他的解釋我才釋懷。

當然，媽媽得知我是同志後，她就像很多父母一樣，心裡產生許多情緒掙扎，包括了否定（你不可能是同性戀）、憤怒（你怎麼可以這樣回報我）、傷心（我對你的希望都破滅了）、愧疚（是不是我在你小時候做錯什麼、沒把你帶好）等，而這些情緒也在我和母親的談話中反覆出現好一段時間。這幾個月裡，我依舊很有耐心地每個週末打電話給媽媽、跟她溝通，加上兄姊給她的好言開導，終於她接受了我是同志的事實。

❖

我跟思鐸從台灣回美國後，就開始計畫把「梅爾巴」那個小康斗賣掉，一起買一個大一點的康斗。於是我們在芝加哥上城亞裔人密集區旁邊、一個靠近密西根湖的社區，買了一個三房二廳加地下室的大康斗，心想這會是個可以好好接待家人、朋友的新家。

而就在我媽對我是同志一事慢慢釋懷後，她卻開始擔心要怎麼跟爸爸說。那時候，他們已經買好機票，準備第一次來美國，看看寶貝么兒在美國新買的房子。於是我每到週末跟她通電話的內容，從撫慰創傷變成腦力激盪，一起用心想辦法來跟爸爸交代。幸好我媽很聰明，她準備好一套說詞，要是我爸問起來，她會知道如何回答。

當爸媽搭機來美國時，我們先從芝加哥飛到舊金山機場接他們，讓他們不必舟車勞頓地自己轉機到芝加哥，也可以順便帶他們在舊金山玩幾天，調適一下時差再去芝加哥。當然爸媽並不知情，我們其實是想趁機帶他們看看號稱是全美國最gay的城市！

帶著爸媽回到芝加哥的第二天，爸爸就問媽媽：「思鐸是不是同性戀？」在華人的傳統文化裡，說話常會旁敲側擊、拐彎抹角，而爸爸是非常傳統的男人，所以他不直接問子良是不是同性戀，反而先問思鐸。幸好媽媽經過幾個月的準備，馬上搬出一套事先預習過的說詞：「唉，他們兩個都是怪人（『怪』在英文裡和『酷兒』〔queer〕同義，不是嗎？），他們不想結婚（當時我們仍無法合法結婚，所以她說得沒錯，我們不想結異性戀的婚），他們只想照顧彼此一輩子！」

就這樣，爸爸接受了這個「現實」，也沒有再問其他的事情。爸爸「間接地」問了他的問題，媽媽也「間接地」回答了他的問題，而且一句謊言都沒說。雖然媽媽避開了「同性戀」這個標籤，不過也正因為這個標籤過去背負了太多負面包袱，沒用這個標籤反而幫助我爸接受了我和另一個男人在一起的「現實」，間接接納了思鐸成為他的「美國兒子」。

❖

在他們和我們同住的這一個多月，我們大致上相處融洽，加上住的地方離華人開的商店餐廳不遠，爸爸常常能自己到這些店裡買東西，他們也能散步到密西根湖邊走走，日子過得挺愜意安適，並沒有太多文化衝擊。

而他們這一次的長住拜訪，也給了我們機會安排雙方「親家」見面，讓我們印象最深刻的是在約翰·漢考克（John Hancock）大樓九十五樓餐廳的午餐約會。那日天高氣爽，高樓上視野遼闊，雖然雙方父母語言不通，卻能愉悅地點頭應對與用餐，大家都留下了良好的印象與回憶。這個樓頂餐廳也是思鐸當初向我求婚的地點，所以對我們而言更是多了一層意義。

雙方父母見面後，我們開始著手計畫「非法婚禮」。從挑選地點、手工自製邀請函、寫誓約、設計融合雙方文化與同志文化的典禮儀式、安排聚餐細節到計畫蜜月旅行等，我們親手包辦了一切，因為我們希望透過這個婚禮，將相隔八千哩遠的兩個家庭連結在一起。

我們將這個儀式命名為「承諾典禮」（commitment ceremony），而不稱之為「婚禮」，因為當時同志仍沒有法律上認可的婚姻，同時我們也想挑戰傳統婚姻制度裡男尊女卑、將女性視為男性財產的陋習。然而因為我們相愛著，也希望我們相愛的伴侶關係能像異性戀伴侶一樣，受到雙方家人、好友的祝福與認可，所以我們辦了一場「非法婚禮」。

為了婚禮的細節，我們籌畫了好幾個月，雖然很興奮期待這個大日子的來臨，有時候也會因疲累而感到不耐煩或沮喪，考驗了兩人的相處之道。不過縱使有這麼多瑣事，反而將我們兩人在文化和溝通上的磨合帶到另一個境界。

07

非法婚禮

終於來了！

我們爲了愛而勇敢站出來，

在威權前無畏地唱歌、跳舞、說出眞心話，

向眾人宣示了我們愛的力量。

那天終於來了，只是沒想到我們的婚禮，竟然會是一九九七年夏天最「火熱」的一場盛會！

除了我們火熱的興奮和嘉賓火熱的盛情參與，最火熱的是那天的天氣。芝加哥六月時的氣候通常是溫暖舒適的，所以我們沒預料到婚禮那天竟是芝加哥入夏以來最熱的一天。教堂裡裡外外熱氣騰騰，早上十一點時，樹蔭下的溫度已經高達攝氏三十二度，而氣象預報那天的酷熱指數會超過四十度！

❖

籌備婚禮時，我們原先考慮芝加哥幾個知名的婚宴場所，結果發現很多地方的價碼都超出預算。那時我們在一個「一神普救派」（Unitarian Universalist）的教會參加聚會，精打細算後，決定選擇這個教會作為婚禮的場所。

這個教會位於芝加哥同志區，隱身在一個充滿林蔭的住宅區裡，是一個美麗如畫的都鐸式教堂。能在這裡舉辦個如詩如夢的婚禮是多麼浪漫啊，只不過我們忽略了一個很重要的細節：這間古老教堂裡面並沒有冷氣空調，而那些高大的彩繪玻璃窗是封死的，只有底下一些小窗可以打開通風。幸好，我們精心設計製作的節目冊剛好成為賓客們的扇子。

當賓客陸陸續續從狹窄的花園步道進入教堂時，教堂裡正播放著代表思鐸家族背景的蘇格蘭風笛音樂，迎接他們的是一群身材高大、穿著豔麗服飾的「非凡仙女」[2]。教堂內放滿了花藝裝置，是花藝師好友蕭以立的作品，他按照我們喜歡的粉紅、紫色系，用百合、玫瑰等香花綠葉，製作了聖台上的擺花、走道旁的花鍊以及我們的胸花與捧花。是的，我們兩人都拿著捧花入場。聖台中間的壇桌上擺著一個香壇、一根圓球形的彩虹蠟燭及一對手工玻璃高腳杯，其中一杯裝著甜的花蜜，另一杯則裝著苦的葡萄柚汁，象徵著「甘苦杯」。

典禮開始前，為了舒緩緊張的情緒，思鐸和我躲到一間辦公室裡，我們互握雙手，凝視著彼此，做了幾次深呼吸，互道一句「我愛你」，然後親了一吻，便一同攜手走到禮堂入口。

典禮一開始，由我們的「花童」入場揭開序幕；我們的「花童」是好友謝介人精心

註2——非凡仙女（Radical Faeries）是美國在七〇年代晚期興起的一種酷兒反文化，挑戰一般傳統的主流同志文化，也融合了許多性別多元、性別酷兒、環保意識、反父權、反商業化、另類靈性思想等元素。

扮成的扮裝皇后，身為服裝設計師的他穿著自己修改設計的白紗禮服，白紗上鑲著許多色彩鮮豔的花朵，手提一籃玫瑰花瓣，隨著辛蒂・羅波（Cyndi Lauper）那首〈女孩只想玩樂〉（Girls Just Want to Have Fun）的歌，他邊跳舞邊灑花瓣，將大家帶入歡樂的氣氛中。接著，音樂轉成貝蒂・米勒（Bette Midler）的歌〈愛的教堂〉（Chapel of Love），「守護天使」步入教堂（我們因為是兩位新郎，不適合有「伴郎」、「伴娘」，所以由幾位「守護天使」跟著入場），走到聖台前等著我們。當第二段歌詞開始，我和思鐸入場，會眾看見我們就遵循傳統站了起來，這時我們手裡拿著捧花，隨著音樂節奏，邊跳舞邊揮手，慢慢走到聖台前，讓守護天使們環繞在我們兩旁。我們刻意用歡樂的氣氛開場，讓大家和我們一同歡欣慶祝。

❖

思鐸的大學同學羅傑・瓊斯（Roger Jones）是一神普救派的牧師，我們請他主持典禮。他用風趣智慧的引言，帶領大家從歡愉進入典禮中莊嚴的部分。我們在典禮中融入了一些傳統儀式，首先我們一起點了三炷香，表達我們對祖先的敬重；接著一起點燃彩虹蠟燭，代表我們結合了兩個家族；最後我們向雙方家長鞠躬，以答謝養育之恩（思鐸的父母在場，我父母無法前來，由我六哥帶著家人的禮物與祝福參加）。

緊接著，我們請阿諾博士和可第思波提醫師讀了兩段黑人女同志作家奧德利．羅德（Audre Lorde）寫的話（節錄自《局外人姊妹》〔*Sister Outsider*〕），她的文字總是充滿睿智，洞悉種族和性別議題，她的話時常成為我們互相激勵的來源。這段話充分描寫著我和思鐸是如何看待我們之間的差異，讓我們不因彼此差異而起衝突，反而讓差異變成生活中學習的動能：

> 人與人之間的差異，不該只是被容忍，而應該被視為兩電極間的電位差，這電位差在引爆辯證火花時，帶給我們創造力所需的能源。唯有如此，我們之間應該有的相互依存，才不會帶有威脅性。唯有在這種相互依存裡，認清我們擁有不同卻同等重要的能力，我們才有力量去尋找共存於這世界的新方法，也才有勇氣與衝勁去開創拓荒之路。

我們也邀請一位台灣來的朋友，以英文和中文朗讀陸游的詩〈雜感〉，詩的內容是這樣的：「天際晴雲舒複卷，庭中風絮去還來。人生自在常如此，何事能妨笑口開？」而最後一句正代表我們舉辦這場婚禮的目的，以及生活的目標。雖然社會上仍充滿許多不公不義，特別是對有色人種、對同志的歧視，但我們會不畏艱難地好好過日子，讓生命充滿光彩和歡樂。

我們合唱〈比這些還多〉（And So Much More）這首情歌來獻給彼此，我們想藉由這首歌傳達對彼此數不盡的愛，也向親友們答謝他們給了我們這麼多的關愛與鼓勵。然後我們拿出各自寫的誓詞，當著親友面前說出對彼此的承諾。我一直是個不怕哭、勇於表達情感的人，當我們深情地對望彼此、說出這一生的承諾時，心中累積已久的情緒再也忍不住，潰堤般地宣洩出來，我只能在哽咽中強忍著眼淚，講完這段誓詞。這時許多親友也受到感染，跟著流淚。他們流的是歡欣之淚，是賦權之淚，是與我們一同慶祝所流下的淚。雖然我們當時在法律上仍無立足之地，但我們為了愛而勇敢站出來，在威權前無畏地唱歌、跳舞、說出真心話，向眾人宣示了我們愛的力量。

說完誓詞，我們交換戒指。我們一向對寶石、鑽戒不感興趣，所以找了一對波浪狀設計、黃白金雙色調的戒指，來象徵著我們結合了不同的種族文化背景，也代表我們來自太平洋的兩端，要一起共度生命中的起起伏伏。接著我們同飲「甘苦杯」，表示從此要同甘共苦；同志歷史學家約翰·巴斯威爾（John Boswell）在研究同志歷史時發現，中世紀的英國教會曾用甘苦杯的儀式來結合同性伴侶，所以這個儀式也代表了同志伴侶的結合，是自古以來就有的傳承。

終於，瓊斯牧師向眾人宣告：我們從此是「夫夫」終身伴侶，邀請我們接吻慶祝！結果思鐸拉著我擁吻不放，讓這個「新人吻」成為有史以來最長的一個吻，因為「何事能妨笑口開」！

擁吻了一世紀後，教會的女同志牧師琳．安格（Lynn Ungar）帶著全體會眾合唱〈讓愛引導著我們〉這首詩歌，鼓勵我們要讓愛引導我們走前面的路。

離場時，我們手牽手、高舉捧花，隨著朱宗慶打擊樂團的〈龍翔鳳舞〉，跳著舞歡欣出場。尾隨的守護天使、家人、牧師、朋友們也都邊跳邊離場。我們兩人留在會場門口答謝來賓。親友們流著汗陸續離開會場，走進大廳，此時大廳裡已經擺滿各式各樣的港式點心，另一端的長桌上則擺著一個漂亮的結婚蛋糕。通常結婚蛋糕上都會有個代表新郎、新娘的「尪仔」裝飾，但因為我們找不到中西合璧的新郎與新郎的「尪仔」，所以我組合了我們幾年來參加同志遊行的扮裝照片，製作了一個代表我們兩人的獨特蛋糕裝飾。

阿諾博士是餐點招待時的司儀。身為諮商教育教授的她在我們切完蛋糕時說：「通常我們可以從新人切蛋糕時的動作，看到他們將來的生活會如何溝通協調。」從這番話聽來，我想我們應該通過她的測驗了吧！

接著是「敬酒」的祝福詞，分別由思鐸的妹妹代表他的家人、我六哥代表我的家人以及幾位摯友，說了許多感人幽默的話。當他們說到「歡迎加入我們的家庭」時，我尤其感動，畢竟婚禮象徵的就是兩個家庭的結合，我當初承認自己是同志時，無法想像到會有結婚這一天！

把捧花往後仍給下一個幸運兒後，我們再次進入那個已被轉換成舞池的教堂，開始跳著我們的「新人舞」，同時邀請所有來賓一起加入歡愉的舞會。當天我們聘請了一位專業攝影師，把整個婚禮與派對過程都錄影下來，當他把剪輯好的帶子拿給我們時，他說這場婚禮是他所拍攝過最獨特的婚禮，而且公司所有員工都好奇地觀看了我們的錄影帶。那時，同志婚禮仍不尋常，我們倒也樂意成為別人認識同志的教材。

❖

那天的情緒好飽滿，實在很難言喻。身為同志，我們從未夢想過家人、好友能夠如此聚集在一起，為我們的愛一同歡欣慶祝。這些滿滿的祝福將會一直支持我們、給予能量，讓我們在人生路上繼續勇敢走下去。

我們刻意選擇在芝加哥同志大遊行的前一天舉行婚禮，這樣就可以在同志遊行時延續我們的婚禮慶祝。記得前一年的同志遊行中，有一對新郎身穿白色西服，站在遊行花車上推動「傳統式」的同志婚姻，我們覺得他們的舉動實在沒有創意，也太過保守，即使我們仍然沒有法定婚姻，但就想趁這個機會展現一些與眾不同的婚禮慶祝。

「非凡仙女」中有一位名叫「可愛酷愛麗」（Lovely KuLOVEly）的朋友，她是個表演藝術家，志願幫我們開一輛租來的福特寶馬敞篷車。我們在車身兩旁懸掛著手工彩繪的大型布幔，上面寫著大字「JUST MARY'D」（意為「剛剛瑪麗」，而不是「剛剛結婚」〔JUST MARRIED〕，想藉文字遊戲來凸顯同志婚姻的非傳統性質）。我們兩人都穿著新娘婚紗，臉上化了濃妝，我戴著粉紅色假髮，思鐸戴著紫色假髮，我們雙雙坐在敞篷車的後座車蓋上，揮舞著「公主手」，向瘋狂尖叫的群眾打招呼。車子兩邊有身穿不同彩虹顏色的「非凡仙女」環繞著我們，繽紛多彩地跟著我們一起走街。

這並不是我們第一次做扮裝皇后。在我們的扮裝經驗中，曾親身體驗許多女性常常經歷到的性騷擾，似乎一旦穿上了女性服裝，我們的身體就成了男人可以騷擾的公共財產。我們扮裝的目的也往往充滿政治色彩，想要挑戰傳統的性別角色，挑戰同志主流文化中對白人陽剛形象的抬舉。

遊行後隔天，我們就踏上了「酷月」（queermoon，同志蜜月）之旅，前去嚮往已久的夏威夷，住到一個名叫「愷藍尼侯奴阿」（Kalani Honua，意思是「天地合一」）的生態渡假村。

08

居家伴侶

我們一直覺得「居家伴侶」這個詞很可笑，

寧可用比較浪漫的「愛的伴侶」來形容彼此的關係。

我們開始討論要如何走上育兒成家之路。

走代孕一路的好處是，我們可能在法律上比較有保障，

也能夠從小孩一出生就開始培育。

我們住在芝加哥的日子裡，有一群好朋友、一個好房子、兩份穩定的工作，一切都似乎很幸福如意。可是，思鐸任職的大學卻經營得像一家學店，不注重教育品質，只管壓榨教職員，以營利為主，這樣的挫折讓他一天天頹喪起來。我看在眼裡、痛在心裡，於是勸他趕快辭職，沒必要為了工作損耗身心，捨棄了自己的價值觀。我甚至告訴他，我願意承擔家裡的經濟，讓他無後顧之憂可以好好找個合意的教職。

他剛開始找工作時很不順心，因為大學教職的缺額不是很多，而且我們只想搬到對同志友善的城市，這個因素更增加了他謀職的難度。經過幾次面試，他終於收到一封聘書，是從紐約市立大學李曼學院寄來的，讓他在諮商研究所擔任教授。其實我原本並不想再搬回紐約，畢竟我曾對這座城市的壓力感到厭煩，因此我們坐下來商討，想個解決辦法。最後，思鐸不再堅持住在市區的願望，同意搬到紐約市郊區，避開市區裡的壓力與龐大開支。他的妥協，也舒緩了我對搬回紐約的不安。

決定搬到紐約後，我們利用一個長週末飛到紐約找房子，也讓我順便面試工作。其實思鐸並不喜歡住在郊區，因為他從小在郊區長大，有很多不愉快的經驗。我則剛好相反，從小在都市裡長大，甚至後來讀大學、來美國留學就業都一直生活在都市裡，所以我很想經歷一下郊區生活，想住到那種有院子、獨門獨棟的房子。再加上紐約市區的房子太貴，我們負擔不起，所以決定到紐約市北邊的郊區找房子，而那裡離李曼學院所在的布朗區很近，思鐸不必擔心通勤的距離。

我們很幸運地買到了一棟已有九十年歷史、內部翻修過的都鐸式老房子，就在那年暑假搬進這個新家。住在芝加哥時，我們每到六月同志驕傲月，都會把彩虹旗高掛在家門口。當然搬家後也不例外，隔年六月，我們就在新家門口掛起了彩虹旗。一天回到家時，發現彩虹旗不見了，我們猜想會不會是有人路過看到，覺得不高興、不順眼，就把彩虹旗拿走了。我們將這事告訴了很熟的鄰居，他們聽了之後很生氣，決定要在自家門口也掛上彩虹旗來挺我們，同時鼓勵其他鄰居一起懸掛。就這樣，周圍的鄰居都掛上了彩虹旗，從此彩虹旗不再失蹤，讓我們了解到身邊有很多很棒的支持者！

搬到紐約那年，紐約市剛通過「居家伴侶」（domestic partners）的法令，讓所有市政府的同志雇員能將同性伴侶登記成「居家伴侶」，得到醫療保險等六項福利，開始能有一些福利保障。紐約市立大學的雇員也算是市府雇員，所以在我們搬到紐約後，馬上去登記成為「居家伴侶」，讓我可以加入思鐸的醫療保險中。其實我們一直覺得「居家伴侶」這個詞很可笑，好像我們在一起只是為了「居家事宜」，一起吃飯、打掃、料理家務。我們寧可用比較浪漫的「愛的伴侶」來形容彼此的關係。

在我們辦了「非法婚禮」後，就決定將來要把我們的姓氏合併成複姓「陳海」，以便外人能從共同的姓氏中了解到我們是「一家人」。思鐸先經由法庭程序將姓氏改為陳海，我因尚未經過「歸化」程序成為美國公民而暫時無法改姓，以免申請時造成困擾。美國的移民政策歷史其實充滿了各種歧視，從一九六五年開始，美國就明文禁止同志移民，這項禁令一直到一九九〇年才解除，加上美國國會於一九九六年通過「婚姻防衛條款」（Defense of Marriage Act, DOMA），明文排除同志婚姻。在當時大環境不友善的氛圍裡，我不確定面試時碰到的移民官員會不會有恐同的態度，為了避免被問及這類問題，決定在拿到公民權後再辦理姓氏變更。

❖

搬到紐約後，我開始思考到底是什麼因素攔著我做出養育孩子的決心。每次看到思鐸對工作的熱愛，我總是感到羨慕，也會反思為什麼我從未在自己的工作上感受到這種熱情。後來我發現，雖然我在職場上一直表現優越，可是物理治療師這份工作並非我的最愛，因為總覺得在工作上無法充分發揮我的藝術創造力。畢竟我也是台灣升學系統下的產物，當初是聯考分數取決了我的就業方向，而非興趣。因此我想趁這個機會，考慮工作轉型的可能性。

在一番自我評估後，我決定利用晚上時間去當地的社區大學修電腦繪圖課程。教Photoshop的老師本身經營了一間小型設計公司，他在課程結束後發了電郵告知要聘請一位兼職設計師，我雖然毫無這方面的工作經驗，還是硬著頭皮去應徵，沒想到老師對我在課堂上的優秀表現及設計成果印象深刻，於是錄用了我。不過兼職當繪圖設計師的待遇很低，我必須靠另外兼職當物理治療師來增加收入。我很喜歡設計師的工作，我的成品還幫公司贏得一些設計獎。這些經驗讓我覺得在職場上已無怨悔，可以對心裡那個蠢動的聲音做個交代，而這種踏實感也讓我覺得可以開始接受養育小孩的挑戰。

我對思鐸說我已經準備好了，我們便開始討論要如何走上這條育兒成家之路。剛開始，我們想走國際收養的路，因為有朋友走過這些程序，鼓勵我們可以從這方向嘗試。辦理收養時，很希望小孩能和我們至少有一點文化上的連結，不管是種族、語言或性別能有共同點最好。原本以為會到中國收養一個女孩，因為中國當時在一嬰政策和重男輕女的社會觀下有許多女棄嬰，而且有些朋友成功地從中國收養到小孩，但由於當地不允許同志伴侶辦理收養，所以同志會以單親身分去辦。沒想到當我們開始詢問詳情時，中國政府卻改變了政策，因為他們發現很多單身辦理收養的人是同志，就開始要求單身者在辦理手續時要寫切結書以表明非同志身分。我們不願意回到櫃子裡隱瞞身分，只好放棄到中國收養的念頭。

我們轉念考慮在美國本土辦理收養，不過當時政治風氣對同志很不友善，同志伴侶很難在一般的收養機構得到認可，所以我們可以收養的很可能是寄養系統中有身心障礙的孩子。我從事小兒物理治療多年，思鐸也從事諮商工作，專業能力上自認能勝任照顧一個有特殊需要的小孩，只不過我們當時年近四十，必須捫心自問、做現實考量，知道這會讓我們同時在工作和家庭生活中心力交瘁，所以我們必須考慮代理孕母這一途徑。

❖

雖然我們一向不認為需要有自己的血緣後代，但走代孕一路的好處是，我們可能在法律上比較有保障，也能夠從小孩一出生就開始培育。然而代孕的花費相當高，我們詢問代孕機構的收費已是四萬到八萬美元。我們雖然有中產階級的固定工作，但還要負擔紐約大都會區的房貸，沒有足夠的存款能應付代孕的開支，於是我們考慮賣掉房子，搬到小一點的租賃公寓，然後用賣掉房子的餘額來支付代孕的開銷。

接著，我們又發現另一個障礙。居住的紐約州明文禁止代孕合約，雖然有人會私下辦理，但由於思鐸是紐約市的公務員，不宜逾越規矩，因此決定搬到紐澤西州，因為那裡承認代孕合約，也有法院判例允許同志伴侶辦理「第二家長收養」，讓同志伴侶能夠同時成為小孩的法定家長，擁有親權。我們查詢了紐澤西州不同區的環境後，選定中部的密德薩斯郡（Middlesex），這裡有很多亞裔族群，也有很多中文學校、中式餐廳與亞洲超市。

我們決定和位在印第安納州的代孕機構（Surrogate Mothers, Inc.）合作，它同時也是美國第一家專門從事代孕的機構，創始人史蒂夫．利茲（Steve Litz）是名律師，我們的同志朋友就是經由該機構的代孕服務生了小孩，也極力推薦。我們先用電郵與史蒂夫聯絡，對他的回覆很滿意，就安排時間到機構跟他見面，查看有哪些孕母人選，也順便處理代孕合約。填好詳盡的申請表格後，我們搭機前往機構所在的小鎮。這是我第一次在美國踏足一個這麼「鄉下」的小鎮，馬上注意到鎮上幾乎清一色是白人，而這些白人總會對我投來不友善的眼光，好像我不該來到這個地方。幸好我們只是來辦事，不會停留很久。

當時代孕的服務分成兩大類，一類稱為「傳統孕母」，即使用孕母自己的卵子，透過人工授精方式來懷孕；另一類稱為「妊娠孕母」，即使用另一個捐卵者的卵子，透過體外人工受孕，再將胚胎移植到孕母子宮裡。由於我們負擔不起捐卵者和體外人工受孕的昂貴額外費用，只能尋找願意擔任「傳統孕母」的人選。我們在史蒂夫的小辦公室裡查看「傳統孕母」的人選資料，可惜沒看到中意的，因為傳統孕母的人選比妊娠孕母少，而史蒂夫的人選中幾乎是白人，只有一個印度裔，沒有其他亞裔孕母。所以我們討論到，如果是白人孕母，我就要當捐精者，這樣小孩的血統會跟我們家庭組合較配合。

在回程的飛機上，我們腦袋裡裝滿了問題和思緒，考量很多事情，然而看著手上的代孕合約，心中充滿了期待與興奮，只不過挑選孕母仍是最大的難關，而我們當時並不了解為什麼挑不到合意的人選。

就這樣過了幾個星期，有一天，我們正在觀賞一齣很喜歡的影集，剛好一開頭就提到死嬰。這時電話突然響了，思鐸接起電話，是他的妹妹艾莉森。她說得知我們想找代理孕母生小孩，決定幫我們的忙，要當我們的孕母。我們聽了很震驚，一下子無法從死嬰的劇情中跳出來，便對她說：「哇！太感謝了，沒想到你願意幫我們！能不能一小時後再打電話給你？」

我們怎麼可能會不接受艾莉森這麼慷慨的幫忙？於是回電跟她說 yes！

09

代孕「動動」

艾莉森處理懷孕過程時，我們忙著準備當爸爸，
討論對孩子將來的期望，以及如何教養孩子。
經過這八年的準備與計畫，我們即將成爲父親。

其實在討論代孕之初，我們就談過是否能找家人或朋友幫忙，仔細考量後，覺得這樣會把他們擺在很尷尬的位置，勉強他們去做一個很難的抉擇，也可能影響到將來的相處關係，所以最後決定去代孕機構找孕母。當艾莉森提出來要幫忙生孩子時，我們了解她的個性，知道她總是會將事情仔細衡量，把關係劃分得清楚，讓我們不必擔憂這些顧忌，所以我們欣然接受她的協助。

艾莉森真是個理想的孕母人選。她跟當時的先生在我們的「非法婚禮」幾個月後結婚，她很清楚自己不想要養育小孩，她的先生也支持這個決定。當她想成為我們的孕母時，曾與先生討論過，取得同意才對我們提及這事。

她決定當我們的孕母是基於幾點原因：第一，她想給我們在法律上最大的保障，因為她是親人，生了小孩後將親權讓給我們，就不會有其他人跟我們爭奪親權，再加上當時尚未有合法的同志婚姻，親人幫忙的代孕真的會給我們在法律上最大的保障。第二，她想幫我們省下很多代孕的花費，我們只要幫她支付醫療保險及其他懷孕過程的相關支出，這比代孕機構索取的費用省下好幾萬美元。第三，她認為懷孕過程也對她的身體健康有助益，因為她自己不想有小孩，而這個「代孕方案」剛好可以和她的生涯計畫配合，所以決定給我們一年時間來完成這個「方案」。

那時她已經三十七歲，雖然思鐸家族裡有很多女性都是很晚才生育，我們也了解到這個「使用期限」的限制，便立刻著手所有的代孕手續。我們先跟史蒂夫的代孕機構接洽，讓他們知道艾莉森將是我們的孕母，我們只需要史蒂夫的法律服務，幫我們把代孕合約做些調整，接著就開始安排受孕的細節。

❖

這時，我們全家動員起來。首先必須賣掉紐約州的房子，搬到紐澤西州較便宜的房子，好讓我們的代孕合約被認可。說是全家動員，是因為這次搬家不只是我們兩人而已，思鐸的父母早在幾年前就表示想跟我們同住，以便就近照顧。當我們準備搬到紐澤西時，就著眼找一間在一樓有主臥室套房的房子，讓思鐸的父母有個無障礙的空間。搬到新房子後，我自己粉刷牆面、布置家裡，再接思鐸的父母從伊利諾州搬來，準備迎接三代同堂的生活。

在這同時，艾莉森和我也開始籌備人工授精事宜。等她算好排卵期，我們就安排行程見面，在家中自己做人工授精。由於艾莉森住在北卡羅來納州的艾許維爾（Asheville）市郊，我們必須按照排卵期來安排機票行程。做了三個月的手續後，艾莉森懷孕了。我們耐心地再等了三個月，確定懷孕初期一切順利，才開始跟朋友分享這個好消息。當思鐸的媽媽知道艾莉森懷孕時，她說：「我總是心想我們會有一個孫子，而且和艾莉森有關。」只是他們當初沒有想到，他們唯一的孫子會是從他們的女兒和「子婿」（同志兒子的伴侶）合作得來的。

當我跟媽媽和兄姊分享懷孕的消息時，他們很高興，卻也擔心爸爸的反應，所以決定先隱瞞下來。那時我每個週末會和媽媽通電話，她常在電話那頭興奮地談到自己多麼期待第十六個孫子的到來。或許因為老一輩認為「傳宗接代」很重要，這些迎接孫子的對話更加深了我和媽媽之間的關係。媽媽也提及，曾經有個摸骨師預測她會有十六個孫，她以前總覺得摸骨師講的數目不對，一直等到她得知我們將有一個小孩時，才了解那個摸骨師算得很準！在這興奮歡喜之中，我媽卻又不禁擔憂起來，不知道該如何跟我爸爸提及這事，因為她不知道爸爸會有什麼樣的反應。

艾莉森在懷孕初期就問我們是否想知道胎兒性別，而思鐸一向喜歡驚喜，我就順著他的意願，要求艾莉森不要說出胎兒性別。艾莉森後來跟我們說，有一次照超音波，意外發現胎兒的性別，艾莉森和她先生很努力隱瞞，沒有洩漏一字半語，當她寄來超音波照片給我們時，還特意留下那張顯示胎兒性別的照片，沒讓我們發現。此外，她為了避免與我們聊天時不小心說溜嘴，加上胎兒在她肚子裡活躍地動來動去，她就幫胎兒取了個沒有性別之分的小名叫「動動」（Twitch）。

❖

艾莉森自己處理懷孕過程時，我們也忙著準備當爸爸，討論對孩子將來的期望，以及如何教養孩子。由於我們倆的價值觀相近，加上生活與專業經驗中的體會認知，很快就達成共識，決定教養小孩時要採取權威與民主並進的方式，而非獨裁或放任式。我們也同意絕對不能給孩子施加任何暴力，包括身體、言語及情感上的暴力。我們兩人都曾在自身或工作上經歷暴力所造成的傷害，所以堅決要以無暴力的方式，讓孩子在安全的環境裡學習親子與人際關係。我們要孩子學會尊崇她／他的多元文化背景，希望孩子能有中英文雙語能力，也希望將來能帶孩子常到台灣旅遊，並去蘇格蘭與英國旅遊，讓孩子親身體驗來自雙方家庭種族文化的背景。

其他討論到的問題包括如何培養孩子在宗教或靈性（spirituality）上的認知，以及如何處理家人中不同的宗教信仰對孩子的影響。我們要顧慮到許多宗教團體可能對孩子帶來的負面影響，同時避免孩子忽略靈性生活的重要性，所以我們同意要讓孩子認識不同的宗教，但不會讓任何人強行將宗教信仰加諸在孩子身上。我們的目標是讓孩子學會愛護地球環境，透過社會正義的角度、非暴力的原則及對人與物的關愛，發展出自己的靈性之路。我們希望能給孩子足夠的空間與彈性，發展自己對宗教信仰的看法與理念。

因為我們是兩個爸爸的同志家庭，預想將來小孩可能會遇到的歧視問題，所以進一步討論到如何處理歧視。我們會尋求資源支持，也會堅持以公開出櫃的態度，讓周遭所有的人知道我們家庭的組成。很多研究報告指出，如果同志家長誠實公開他們的性傾向，這種態度對於同志家庭裡成長的孩子具有正面的影響，能幫助孩子正向成長。我們知道自己不可能提供孩子全面的保護，他／她仍然可能因為有兩個爸爸的身世而遭嘲弄，經歷傷害、憤怒、難過等情緒，所以我們會努力培養孩子的能力與技巧，好應對嘲弄與霸凌。我們相信，如果孩子從小就學會尊重人性的異同，將來對人類與世界將有助益。同時，我們會以身作則，不斷給予孩子愛、支持與鼓勵。

親人、朋友很好奇將來「動動」要如何稱呼我們，其實這問題不難，因為我們來自兩個不同的語言文化，所以孩子會叫我「爸爸」，叫思鐸「爹地」。我們也計畫讓「動動」有機會去跟其他在同志家庭中長大的孩子相處，對我們而言，從別人得到支持以及和別人分享經驗，這兩件事是同等重要，我們立願要和其他同志父母同舟共濟，一起分享養育孩子的歡欣快樂，也一起面對身為同志父母的挑戰。不管是任何與同志家庭、伴侶關係、婚姻、代孕、收養、養育等有關的權利，我們都要為同志家庭的權益奮鬥。

我們也談及「動動」將來要玩什麼樣的玩具。我們認為，商業性玩具對小孩來說並無助益，寧可把錢花在書本、樂器、藝術材料等能夠培養孩子創造力的質材上，如果要買玩具，也盡量選擇像積木、拼圖、益智遊戲等能夠發揮想像力的玩具。而且我們要避開那些「性別化」的玩具（以及衣服和尿布！），這樣「動動」從小就有自由的空間來發展自己的性別認同。此外，我們也打算鼓勵親友只贈送教育性或創造性的玩具，或是捐款到兒童福利機構或圖書館，這樣就可以限制孩子受贈的玩具種類和數量，並且定期整理回收玩具，將多餘或不會再用的玩具捐給慈善機構，讓其他小孩也能繼續享用。我們希望能將這種小孩子「受贈」的習俗，改變成「贈與」的習慣，以受惠他人。

我們還討論到其他養育孩子的社會隱憂，尤其是加工食品及媒體對兒童與家庭的影響。我們同意盡量讓「動動」吃天然未加工食品，若有食安問題的食品就選擇有機的，並避開「垃圾食物」、速食、糖果等營養價值低的食物。至於媒體問題，為了減少「動動」受到商業廣告的影響，我們決定不讓孩子在嬰幼兒期到兒童期看電視，也絕對不會把電視當做「保母」來用。入學後需要使用電腦時，我們會監控電腦使用時間與內容，隨著孩子的成長做調整，讓孩子同時嫻熟科技使用，也學會如何自己做選擇與判斷。至於其他媒體娛樂，我們會選擇合適的電影，一同參與藝文表演活動。

❖

這期間，「動動」在艾莉森的肚子裡游泳、舞動、翻滾著，而艾莉森也享受著懷孕過程帶來的種種體驗。她的很多朋友在懷孕時大事小事一堆，她卻連懷孕初期的害喜嘔吐都沒有，反而很享受懷孕時荷爾蒙變化所帶來的改變。為了胎兒健康，她在懷孕期放棄了最愛的巧克力和啤酒，藉著游泳、瑜伽、營養補充品等讓自己的身體維持在最佳狀況。每一次的產檢都很好，她的婦產科醫師甚至開玩笑說，艾莉森有個最適合懷孕生子的身體，應該多生幾個！

艾莉森雖然喜歡這個女醫師的奉承，不過她清楚知道，這會是她唯一的懷孕經驗。她買了一些有關懷孕生產的書，也和先生參加分娩課程，就這樣在他們居住的山間小木屋裡，一步步準備好迎接這個大日子的來臨。

八月初預產期將近，我們滿心期待，艾莉森也準備好卸下身上的重責大任，重溫巧克力與啤酒的美味。可是預產期過了，「動動」仍無動靜，安穩地待在艾莉森姑姑的子宮裡不想出來。經過數次電郵與電話上的討論，我們考慮是否該準備催生。結果在一週後的一個晚上，剛好月圓潮漲、萬物騷動，「動動」終於跟著動了起來，要和外面的世界見面了。

經過這八年的準備與計畫，我們成為父親之路只剩下這最後十一個鐘頭的車程！

10

為父之樂

第一次將愷樂抱在手中時，

他雖是獨立的個體，

但我知道他將會是我一生的連結，

一種陌生卻又熟悉的生命連結。

因為思鐸不想事先知道孩子的性別，所以為孩子取名時先決定了兩個中文名字，如果是女孩，名字叫「怡蘭」；如果是男孩，名字叫「愷樂」。

那天晚上九點半左右，艾莉森打電話來，說她已經開始產前陣痛。一向個性外向又愛說話的思鐸在接到電話時竟然啞口無言，便把電話遞給我，讓我跟艾莉森說話。我問清楚情況後，馬上跟思鐸的媽媽說，她認為第一胎從陣痛到分娩通常還會有一段時間，所以我們應該有時間先睡一下，否則開了十一個鐘頭的車程後，再不眠不休地照顧新生兒會太累。她的這番話讓我們決定先睡一下再出門。但我們雖然躺在床上，卻一點睡意也沒有。

凌晨四點多，電話又響了，這次是艾莉森的先生吉姆打來的，他說他們在醫院裡，艾莉森已經生寶寶了，是個男孩！我們馬上拎著幾個星期前就準備好的行李箱及嬰兒用品，一路往南駛去。在晚上六點前，我們抵達了艾許維爾醫院，這是與愷樂的第一次見面，我們歡喜地將他抱進懷裡！

艾莉森的生產過程很順利，只花了四個鐘頭，而真正分娩的時間只有十來分鐘，可是這十幾分鐘讓她經歷了這輩子最劇烈的疼痛，因為麻藥還沒產生作用之前，愷樂就鑽出頭來，而且速度快得連他們事先準備的道具與放鬆方法都來不及派上用場。幸好我們當時不在場，艾莉森因劇痛而咒罵的話只有她先生聽到。因為分娩過程很快，吉姆開玩笑說，愷樂好像搭著雪橇「咻」一下就衝出來。愷樂雖然比預產期遲到一個禮拜，卻好像為了彌補這個耽擱，藉著月圓時大地的助力，迅速跳進這個世界。

有些朋友很意外地問我們，為什麼沒有在產房裡陪艾莉森生產？其實這是艾莉森的要求，她只要先生在產房陪她，我們也尊重她的想法，畢竟她已經給了我們最寶貴的生命禮物，我們完全信任、尊重她在懷孕與生產過程所做的決定。

❖

當我第一眼在醫院見到愷樂時，心裡的喜悅、期待、興奮、訝異和疲憊，雜亂地混合著腎上腺素、安多酚和多巴胺，結合成一股強烈無以言喻的愛！第一次將愷樂抱在手中時，他雖是獨立的個體，但我知道他將會是我一生的連結，一種陌生卻又熟悉的生命連結。

從愷樂的第一天開始，我們就看得到，他有著我們三人結合的模樣，艾莉森不禁讚嘆說他的手和腳跟她好像！我們給兒子取的全名為 Kalani Logan Kai-Le Chen-Hayes，中文名字是陳海愷樂。Kalani 是夏威夷名字，意思是從天上來的，而這個名字正是我們在夏威夷度「酷月」時那家生態渡假村的名字。Logan 是思鐸母親家族裡的一個蘇格蘭姓氏，意思是小港灣。愷樂這個名字是我取的，我先由 Kalani 和 Logan 這兩個名字的第一個音節，找到聲音相近、意義又好的中文字，合成了「愷樂」這個名字。愷樂的意思是和諧快樂，我們希望他這輩子的日子都能和諧快樂。而他的小名就從「動動」變成了「愷愷」！

愷樂擁有這麼多名字，其實代表了他擁有台灣、英國與蘇格蘭這些多元文化與語言的背景。然而夏威夷是美國多元種族人口中最多的一州，所以 Kalani 這個名字用在多元種族的兒子身上並無不當，也可以發揚「天地合一」的夏威夷傳統文化。我們很希望愷樂將來能夠培養他對多元文化的認同，能夠尊榮他所有的文化背景，而不會只做「單項選擇」的認同。

其實我們原本以為會有個女兒，可能是因為我們最原始的計畫是要從中國收養女嬰，朋友們也都預測會有女兒。所以當愷樂誕生時，除了艾莉森事先已經知道，大家都很驚訝是個男孩。不過我們也知道，不管小孩的性別是什麼，我們都會盡心盡力地愛他、養育他，最重要的是，愷樂和艾莉森都平安健康！雖然當時我們和其他人一樣，對小孩的性別仍習慣性地局限在男、女孩這種二元選項，幸好我們幫孩子選擇的英文名和中文名（Kalani 和愷樂）是男女孩皆可用的名字，似乎冥冥中已經預知，愷樂將來對自己的性別認同會走出傳統的框架。

❖

不過當我們超速驅車南下、途經政風保守的維吉尼亞州時，我們接到一通電話，要處理一件在我們周密計畫中從未想到的事。艾莉森的先生在電話中問我們，愷樂的出生證明應該如何填寫他的種族，因為北卡羅來納州的出生證明只提供兩個選項，即黑人或白人，所以我們一邊開車一邊忙著討論。

我們知道孩子會是一半白人、一半亞裔的多元種族，所以討論過養育一個多元種族的孩子應該注意的事，以及如何支持孩子在種族認同上的發展。我們原以為醫院會有「多元種族」的選項，沒想到北卡州竟如此保守落後，是我們沒考慮到的一點。後來，我們從醫院一位員工得知，他們未曾在醫院裡遇過有亞裔血統的嬰兒，更沒聽過台灣這個地方，所以當他們看到艾莉森是白人，就武斷地將愷樂標示為「白人」，完全不顧他明顯有亞裔血統。這件事讓我們感受到，憑我們兩人之力要改變北卡州在出生證明上的種族選項，是不可能的，畢竟北卡州和很多南方的州有很深遠的種族歧視歷史，這場仗不是我們能在短時間內贏得了的。

除了「種族標記」問題，我們在處理出生證明時也所遇到一個障礙。因為艾莉森當時已婚，所以我無法在愷樂出生時被列為父親。在保守的北卡州，任何已婚婦女所生的小孩，丈夫立即被認定為生父。當艾莉森生下愷樂時，她必須馬上宣示愷樂是「非婚生孩子」，才能讓醫院出生證明上的父親欄空下來，以便我之後能透過法院宣示我的父權，將我的名字放入父親欄中。

我們如此大費周章地將孩子帶到這世上，結果因為北卡州沒有代孕方面的法律，也不認可同志婚姻與家庭，孩子一出生就被標記成帶有鄙視的「非婚生孩子」。這些在愷樂剛出生四十八小時內所經歷的事，已經讓我們心裡做好準備，將來還會繼續面對種種挑戰。

我們透過一位北卡州當地的女同志律師，協助艾莉森跟我簽了一份宣誓書，再經過法院公告後，讓我正式成為愷樂的生父，能夠登錄在愷樂的出生證明上。接下來，艾莉森再簽署了另一份同意書，放棄她的親權，以便讓思鐸能夠辦理第二家長收養手續，這樣思鐸和我就能同時成為愷樂的法定家長。不過，這個收養手續在愷樂出生九個月後才在紐澤西州完成，也正因為這個漫長的過程，讓我們更堅定同志婚姻對同志家庭的重要性。試想，在這九個月內，我是愷樂唯一的法定家長，萬一我發生什麼事，愷樂就會成為孤兒，而思鐸並沒有任何法定權利能夠繼續養育我們的孩子。

幸好台灣家裡的正面反應幫忙平衡了這些美國系統帶給我們的挫折感。我媽媽等到愷樂出生後，不得已才敢對爸爸說，當爸爸聽到這個好消息後回答的第一句話竟是：「你怎麼不早點告訴我？」畢竟，我爸就像我媽一樣，很高興又多了一個孫，也很期待我們能將這個孫早點帶回台灣跟他們見面。

❖

在我們抵達艾許維爾的那天晚上，愷樂和艾莉森繼續留在醫院，所以我們先到旅館好好睡一晚，準備隔天正式將愷樂接回來一起住，我們事先已預訂了在艾許維爾的旅館住兩個星期，然後再開車帶愷樂回到紐澤西。艾莉森也志願要在這十幾天用吸乳器提供母乳給愷樂喝，以增強他的免疫力，她的先生吉姆則負責從他們家將母乳遞送到我們住的旅館。在這段時間裡，我們請艾莉森在愷樂的「寶寶紀錄本」寫下她為什麼要幫忙代孕，她如此寫道：

很久以前，我就知道你的兩個爸爸想要有個小孩，所以當我聽到他們在尋找代理孕母時，務實的我就想，代孕這種事應該由我來做才對，這樣你會同時擁有來自你兩個爸爸的基因，他們也能完全知曉孕母的家庭與醫療歷史，順便省下一大筆費用，然後用省下的錢來好好撫養你。而且我可以在法律上提供一個安全網，防止任何人剝奪你爸爸們的親權。想到這些我就感到非常興奮，因為我可以幫忙你的爸爸們，將你帶到這個世上，讓你的爸爸們將他們這麼多的愛分享給你。

我跟你的吉姆姑丈一起商談過代孕的利弊，就決定這是我們要做的事。我們曾經決定過不要養育孩子，原因之一是我們覺得如果要為這個世界做出有貢獻的事，就沒有足夠時間與精力來照顧自己的孩子。幫助你的爸爸們正是這樣的機會，讓我們能為這世界做一件有意義的事，如同吉姆姑丈說的：「我們這一生有多少機會能夠挺身而出，去做一件真正有意義的事，一件從根本上就是對的、好的、合乎正道的事！」我們很高興能有這樣的機會去經歷懷孕和生產過程，然後成為你的姑姑和姑丈。我三十七歲時懷了你，三十八歲時生了你。身為兼職的傳播顧問，讓我懷孕時能夠在家工作，所以我可以將我所有精力擺在懷孕過程，一步一步地享受懷孕中每一個階段的變化與驚喜。

待在艾許維爾的這兩個星期，我們在這個美麗的藍脊山群中開始了父子的生命旅程，享受著結識孩子的歷程。我們很喜歡讀書，也知道讀書給孩子聽，能幫助他在智能語言的發展，所以思鐸開始每晚讀書給愷樂聽。我們那時讀的書正是剛出版的《哈利波特5：鳳凰會的密令》，愷樂就這樣跟哈利波特結緣了。只不過那時我們並不知道，哈利波特的作者後來會發表一些極度傷害跨性別族群的言論！

在艾許維爾旅館待了三天後，趁著風和日麗的天氣，我們決定帶著愷樂去市中心吃早午餐。我們選的餐廳名字叫「早起女孩」（Early Girl Cafe），之所以選擇這家餐廳來慶祝第一次全家三口的外食，一方面是因為餐廳老闆是艾莉森的朋友，另一方面也因為他們是城裡第一個使用當地有機食材、價位又親民的餐廳。同時，我們也覺得餐廳名字對比這個比預產期晚出生的男孩，顯得非常有趣！我們告訴餐廳老闆我們和艾莉森的關係時，她並不知道艾莉森的懷孕是在幫忙代孕，所以看到愷樂時驚訝地啞口無言，甚感敬佩。更神奇的是，她一年後在愷樂生日的同一天，生下了她的第一胎，也是個男孩！

❖

我們順利度過這兩個星期住在旅館的日子。愷樂在小兒科醫師檢查後，顯示一切正常健康，我們就啟程返回紐澤西。這趟車程，我們不必再超速駕駛，也可以在途中停車休息數次，以便餵奶、換尿布，讓愷樂能一路舒適平安。

那時同志並沒有「育嬰假」福利，所以我暫時辭掉工作來專心照顧愷樂。因為我曾經擔任小兒物理治療師十幾年，對嬰幼兒的照顧得心應手，便在愷樂的嬰兒期擔當起主要的照護者，讓思鐸能從旁慢慢學習育嬰技巧。

準備愷樂的嬰兒房時，我們特意避開「性別刻板化」的顏色，牆壁的顏色選用了淺紫色的漆，再用淺綠色在牆壁中間加畫幾條粗細不同的橫紋，然後在橫紋上下畫上一些蜻蜓圖案。我也找到一塊帶有蜻蜓圖案的淺綠色布料，自己製作了一些抱枕與窗戶帷幔，來搭配米白色的窗簾。思鐸的父母出資買了米白色的嬰兒床、衣櫃與換尿布台。我將一張從思鐸祖父母年代流傳下來的搖椅，重新粉刷上米白色的漆，再安裝幾個淺綠色蜻蜓布的抱枕，讓我們能夠坐在這張搖椅上舒適地抱著愷樂，輕輕搖晃，安撫這位家中最新的一員。

自從我們在一起之後，每年都會共同寄出從「雪城文化工作者」（Syracuse Cultural Workers）組織買的賀年卡，這個組織的座右銘是「用心藝術」，他們所設計製作的成品，都是運用藝術創意來倡導各種社會正義的議題。我們很早就喜歡上他們製作的「給小孩與大人的另類字母海報」，海報中用精美的繪圖，按照每個英文字母帶出社會議題的相關名詞，以及著名社會運動者的名字，當然其中也包含了 gay 和 lesbian 這兩個字。這張字母海報與一般充斥主流文化圖像的字母海報極為不同，我們在愷樂房間掛了這張海報，準備將來教他認識英文字母時，同時學習到我們相信的價值觀，也就是「公平正義」與「和平博愛」，這也是我們教育愷樂的準則之一。

我們一向熱中於社會運動，因此如何在養育孩子時融入社會正義的學習，也成了我們認真思考的課題。小布希（George W. Bush）在愷樂出生前對伊拉克開戰，那時前進派人士的反戰運動熱烈進行中。我們除了推著娃娃車帶愷樂去普林斯頓參加反戰遊行抗議，也用白色「聖誕燈」製成一個很大的和平反戰標誌，掛在愷樂的房間窗戶上（因為他的窗戶是家裡唯一一個面對外面道路的窗戶），這個反戰燈飾與門口的彩虹旗，正象徵著我們的政治理念。同志平權與其他社會正義議題息息相關，我們必須連結其他社會運動者，才能朝著社會正義的大方向一同前進。

11

滿月，週歲，里程碑

我從無法接納自己的同志身分，

到現在勇於對陌生人、大眾公開同志身分，

這一路走來累積了無數自我成長的里程碑。

如今養育愷樂，能夠見證他一點一滴成長的里程碑，

心中充滿感恩、欣慰和讚嘆。

支持系統對同志家庭而言非常重要，所以我們要用個儀式，把孩子引介給我們的家人和支持我們的朋友群。在台灣習俗裡，「滿月」正是一個將新生兒介紹給親友的慶祝儀式。我們決定用滿月慶祝的邀請函，向親友們介紹家庭的最新成員。以下是邀請函的文字內容：

是個男孩！

Kalani Logan Kai-Le Chen-Hayes 在二〇〇三年八月××日早上×點××分誕生，身高十九．五吋，體重七磅九盎司[3]。

Kalani：夏威夷名字，意思是從天上來的

Logan：蘇格蘭家族姓名，意思是小港灣

Kai-Le：愷樂是中文名字，意思是和諧快樂

孩子的姑姑艾莉森產後恢復很好，生產過程快又順利，愷樂是月圓時生的寶寶。

我們將舉辦一個滿月派對來慶祝愷樂的誕生，也向艾莉森及吉姆致謝。

二〇〇三年九月二十日星期六下午一至三點

為了配合台灣習俗，這個滿月派對裡除了生日蛋糕，也準備了油飯和紅蛋等傳統滿月食物。同時，我們也想利用這個機會，正式向艾莉森和吉姆致謝，謝謝他們給了我們這樣一個寶貴的「生命禮物」。我們為他們訂了來回機票，讓他們能從北卡州來到紐澤西參加這個派對。我們也精心預備了其他禮物，準備在派對中給他們驚喜。

我們知道艾莉森和吉姆很喜歡旅行，就送給他們兩個旅遊行程。因為艾莉森在準備懷孕期間，特意不去碰她很喜歡的啤酒與巧克力，所以第一個行程是去比利時，讓他們享受世界上最好的啤酒與巧克力。第二個行程是去夏威夷大島上的愷藍尼生態渡假村，讓他們親身體驗愷樂英文名字（Kalani）來源地的美妙與神奇。

❖

然而，在這個滿月慶祝的喧嘩歡樂中，我們沒預料到竟然還得面對一些「傳統」問

註3——身高十九．五吋約五十公分，體重七磅九盎司約三千四百公克。

題。思鐸在李曼學院有兩個老一輩的同事，他們在派對中突然問我們：「誰會待在家裡帶孩子？」

目前一般中產家庭由於經濟開銷因素，許多家庭都需要雙親外出工作領薪，所以嬰幼兒會有一些時間是由別人照顧。但許多研究顯示，嬰幼兒的發展與是否由家長在家照顧，或在幼兒園由別人照顧無關，影響的關鍵是照顧者所提供的環境與照顧品質，而且家裡的環境與親子關係對小孩的影響，比小孩是否去幼兒園更重要。加上目前有許多法規在規範幼兒園的品質，一般幼兒園提供的照顧品質是很不錯的。基於這些理由，我們從未排斥把孩子送去幼兒園。

面對這些人的「詢問」，讓我最不舒服的是他們詢問時的語調和表情，好像我們打算在孩子大一點時送去幼兒園的計畫是不合常情的，會對小孩造成不良影響。在他們的年代，一般社會的期許是媽媽必須辭掉工作，待在家裡帶孩子，所以他們認為我們雖是兩個爸爸，也應該有一個人留在家裡帶孩子。只是目前的社會裡，能夠只靠單薪過活的家庭已是少數，我們當然也不例外。

雖然當時思鐸在工作上有無薪育嬰假，可是這樣會讓我們負擔不起房屋貸款與生活費用。帶薪育嬰假在很多歐洲先進國家已推行多年，卻不是我們當時在美國能享有的福利（多年後，紐約市立大學終於有了帶薪育嬰假的福利，但我們已無緣用到）。我們剛搬到紐澤西時，我已經找到一份兒童居家物理治療的工作，不過我們決定在孩子出生後的頭幾個月，我會暫時停職，待在家裡照顧孩子。少了我的一份收入，我們很快就感覺到經濟的窘困，於是開始找日間保母，以便我能重回全職工作，增加家裡的收入。

當我們找到一個說中文的保母時，以為事情會從此順利，但事與願違。這位保母是中國人，中文說得好，好像也很會照顧孩子。思鐸因為教職工作，白天有很多時間能在家裡工作，所以他可以稍加留意保母的工作品質。結果有好幾次我們給保母的一些善意建言，她都展現出不友善的態度，好像我們在干涉她。後來再度提醒她一件事時，她竟然在小孩面前大發脾氣，嚇得愷樂大哭，我們當下決定不再續用她。

但臨時要找另一位保母非常困難，我們仔細討論後決定，找幼兒園才是長遠之計。我們總共查到七家幼兒園，我一家家去詢問，不是沒空缺，就是對同志家庭有問題或沒經驗。最後終於找到一家對同志家庭有經驗的幼兒園，而且園長有個同志弟弟，所以對同志家庭很友善，我們便決定選擇這家幼兒園。除此之外，會選擇這家幼兒園的因素，還包括他們是紐澤西州唯一有雙重機構認證的幼兒園，員工離職率很低，這在普遍低薪的幼兒工作很少見，而且員工與小孩都來自很多不同種族和語言背景，這些都顯現出這家幼兒園的品質。雖然幼兒園離我們住處稍遠，一趟車程要花上半小時，但多花些交通時間來換取好的照顧品質與多元文化的環境，是非常值得的。

在愷樂出生前，我們曾想過將來他上幼兒園時，學校教職員與其他家長會如何對待像我們這樣的同志家庭。結果發現，當我們以公開身分來應對他們時，大多會用友善的態度來接納。我們就是一直用這種「理直氣壯」的坦然公開態度，來處理任何跟孩子有關的事務。從孩子出生前要找兒科醫師，到後來找保母、幼兒園、學校、才藝班等，我們都很坦然地問他們：「我們是同志家庭，您會如何支持我們家庭的需要？」我們從不會以畏縮的態度問：「您會不會有問題啊？」這樣，我們才有辦法為孩子營造一個安全正向的環境，減少被歧視的機會。

記得找兒科醫師時，我們鎖定要找亞裔女醫師，讓孩子能有個亞裔的女性榜樣。但「面試」的第一位醫師在聽到我們的問題時，竟然先愣一下，才慢慢回答：「中可吧！」當然，我們不會信任這樣一位只能勉強「中可」的醫師，就將她篩選掉。我們要找到值得信賴的醫療人員，讓孩子得到最好的醫療服務，不會因為我們是同志家庭而遭到差別待遇。

我後來常跟其他同志家長分享，當我們成為家長，向周遭接觸到的人出櫃會是很重要的事。因為我們應該以身作則，讓孩子看到，出生在同志家庭沒有任何不對或可恥。當我們以「理直氣壯」的坦然態度面對陌生人時，別人通常會尊重我們，即便內心存有歧視或偏見，也不會明目張膽地在我們面前表現出來。相反地，如果我們呈現出「理虧畏縮」的態度，帶有歧視偏見的人可能會更容易發出不友善的言詞舉動。當然，對很多人來說，學會「理直氣壯」的坦然態度並不容易，因為我們從小就接觸了很多對同志不友善的言論，難免會內化出一些對同志的歧視，對出櫃產生心理障礙。所以我們需要做好心理建設，慢慢去除這些內化的歧視，才能坦蕩蕩地面對挑戰。

孩子進入幼兒園後，我們注意到另一個很重要的問題，那就是我們無法確定這些幼兒園和學校是否有足夠的教育資源，肯定孩子的多元文化認同，也讓其他孩子了解多元家庭的存在，提供他們足夠的多元文化教育。所以我們開始廣泛搜尋有關多元文化認同的兒童讀物，也擔任志工到幼兒園和學校讀書給小朋友聽，把這些多元文化的繪本帶到幼兒園和學校，讓所有小孩子和教職員都能接觸到各種不同的文化議題，增加愷樂及其他小朋友對多元文化的認識。

這些努力的一個成果就是，家裡建立了一個數量龐大、內容詳盡的兒童繪本圖書館，讓愷樂能盡興閱讀，也能帶到學校分享。我們要愷樂從小就能接觸到多元文化與社會正義的議題，所以盡量尋找繪圖生動的繪本，而且故事中沒有刻板化的角色，藉由繪本的潛移默化，讓孩子慢慢懂得其中的要義。

❖

愷樂才四個半月大時，我們決定帶他回台灣，和台灣的家人見面。第一次帶孩子搭飛機，我們有些擔心。從紐澤西家中出門，一直到抵達我父母台中家，前後總共花了超過二十六個小時，雖然疲憊，幸好愷樂在飛機上表現良好，一點也沒哭鬧，著實讓我們鬆了一口氣。我們事先安排好，把座位劃位在第一排，可以加個小睡籃，愷樂醒時很快樂地玩著，玩累了就躺在小睡籃裡睡覺，讓整個航程非常順利。我們猜想，愷樂這麼喜歡搭飛機，可能是遺傳到思鐸爸爸喜歡飛行的基因吧！

當我們準備下飛機時，有一位大概是我們父母年紀的老太太用中文問我：「小孩的媽媽在哪裡？」我回答：「他有兩個爸爸（手指著我們兩人），沒有媽媽。」她聽了猛搖頭，喃喃自語「不可能」。這件事情展開了我們在台灣要對陌生人實施的一連串「機會教育」。

在台灣的兩個多星期，雖然愷樂受到很多家人的親切招待，不過每次我們三人單獨出門時，總會招來陌生人好奇的眼神或問題，可能是他們不習慣看到兩個大男人（特別是一個台灣人和一個外國人）帶著幼兒出門的組合。

有一次在我父母家附近的一家日本料理店吃晚飯，一位女服務員熱心詢問，我就明白說明我們家庭的組成故事。之後，突然間，餐廳裡其他服務員都跑到我們這桌，開始問東問西，想知道更多關於我們的故事，好像遇到什麼「名人」似的圍在我們旁邊，害得這一餐不能好好吃。後來想想，那是因為他們從未遇過同志家庭，更別提兩個爸爸帶著小孩，所以會好奇地想多了解，而我們就成了他們活生生的教材。

一般媒體文化對男人描繪的刻板印象是男人不會帶小孩，不知道如何餵奶、換尿片。一直到二〇一五年，由鄭伯昱導演所執導主演的《滿月酒》上映之前，台灣很少有影片描述同志家庭生養小孩，甚至是男同志透過代理孕母生育的議題。其實餵奶、換尿片很簡單，大多數的男人也有能力做得很好，不過文化的包袱是個更大的阻力，即使是像台灣或美國這樣較先進的國家，父權社會的傳統思想仍根深柢固，很多人還是很難想像孩子沒有媽媽要如何好好長大。

在這次回台灣的旅遊中，有一次我們去台中科學博物館後面的植物園走走。孩子肚子餓時，我們找了地方坐下來，我拿出奶瓶餵愷樂，這時一位婦人可能已經暗地觀察我們一段時間，突然走過來詢問是否需要幫忙。她當然不知道我當了十幾年的小兒物理治療師，對嬰幼兒的照顧很有經驗，我只能微笑跟她說：「謝謝，不用啦！我自己會。」在這樣一個父權盛行的社會裡，有些女性已經將傳統性別角色與歧視內化了，所以她們會認為男人沒有時間、興趣或能力去養育小孩，更遑論幫嗷嗷待哺的嬰兒餵奶。

❖

回到美國後，我們繼續日常的生活，養育著一眠大一吋的孩子。有一次去一家位於中上階級白人區獨特的超市購物，我們帶著愷樂推著購物車買東西時，一位上了年紀的白人婦女盯著我們三人看，當她的眼光從愷樂身上移到我身上時，很不客氣地問：「這是誰的孩子？」我們兩人毫不猶豫、異口同聲回答：「是我們的！」她聽了後一句話也沒說就走了。我們一向很喜歡這間超市，因為那裡有一些價格公道又特殊的產品，那位婦人可能沒想到會在這間獨特的超市碰到比特殊產品更特殊的人吧！像我們這樣一個由不同種族組成的同志家庭所呈現的「多元交織性」，只會讓不了解多元文化議題的人一頭霧水。我們不禁猜想，這名婦人會問這樣魯莽的問題，是因為她沒看到「媽媽」，還是搞不清楚這個看似白人又像亞洲人的小孩是誰的孩子？

雖然當下我們對這個狀況處理得很好，我的心情難免還是受到這無禮行為所影響。這位婦人表現出來的歧視，彷彿綜合了對有色人種和同志的歧視，雖然不是凶惡暴力的言行，卻具有相當程度的殺傷力，因為這是一種「微歧視」（microaggression）。我曾聽過別人解釋為何「微歧視」對弱勢族群會有這麼大的負面影響，他們形容這就像有人用指頭戳你，第一次被戳可能有點痛、有點不舒服，可以不放在心上，可是當你反覆不斷地被戳，不舒服的程度就會加重，愈發覺得遭到冒犯與輕蔑。

這些年來，我所累積經驗到的微歧視已經讓我愈來愈敏感，更加容易察覺這種有意或無意的冒犯言行，而感到不適。處於優勢地位的人有時候會不經意地說什麼或開玩笑，由於他們沒有某種弱勢地位的經歷，無法警覺到這些言行所帶來的影響，就這樣做出了「微歧視」。我們都是人，都會犯錯，唯有不斷省思自己內在的偏見和歧視，才能真正做到對別人的尊重。

購物結束後，我們決定在附近的墨西哥餐廳吃飯，紓解不舒服的心情。餐廳的食物和員工都很棒，可愛的愷樂也逗得員工們很開心。當一位服務員詢問我們用餐食物如何時，正在牙牙學語、累積字彙的愷樂突然開口大聲說：「垃圾！」我們不好意思地趕緊解釋，因為愷樂剛學會這個字，很喜歡到處用。也或許，愷樂是在指那位在超市對我們無禮的婦人吧！

從此我們不再去那個白人區購物，所幸這個獨特超市在費城和其他地方陸續開了分店。尤其費城分店裡有有各式各樣的顧客和員工，也有很多同志在那裡工作或購物，在那裡購物感覺自在多了。不過類似情況仍會在不同的場合出現，因為很多人身懷「異性戀特權」，對同志家庭的組合不了解，就常會做出錯誤的假設，我們已被訓練得很會面對這樣的處境、回答各種奇怪的問題，同時決定開始接受媒體採訪，用我們的故事來教育大眾。

❖

回想過去這些年來，我從無法接納自己的同志身分，到現在勇於對陌生人、大眾公開同志身分，這一路走來累積了無數自我成長的里程碑。如今養育愷樂，能夠見證他一點一滴成長的里程碑，心中充滿感恩、欣慰和讚嘆。

隔年六月底，我們三人穿著同款式的衣服和短褲，帶愷樂去他第一次的紐約市同志大遊行。我和思鐸已參加過很多次，這次卻是我們第一次以同志爸爸身分，帶著一個坐在推車上、不到一歲的小寶寶參加遊行。跟往常一樣，我們加入紐約亞太裔同志團體的遊行隊伍，這是這個隊伍中第一次有小寶寶加入，大家都非常興奮。而我曾為這個團體設計標誌，那年他們正好就把這個標誌印在黃色大氣球上，讓我們這個隊伍更加顯目。

紐約同志大遊行因為規模龐大，遊行召集團隊會將所有參與的組織分類成不同性質的隊伍，然後每年的遊行會輪替這些隊伍出發的先後次序。這年剛好「有色族群」隊伍排在前頭，所以我們成了整個遊行中第一個帶小孩的同志家庭。從中城到格林威治村，我們一路上受到八十多萬名旁觀者熱烈的尖叫與歡呼，因為那時並沒有很多同志伴侶帶孩子參加遊行，我們這樣的組合讓很多站在路邊的觀眾眼睛一亮，感動地尖叫歡呼。我們心想，每個同志家庭的小孩，都應該被這個世界如此歡欣接納！

12

與法共舞

萬萬沒想到，

辦理思鐸的「第二家長收養」手續竟會如此繁雜緩慢。

但我不會因爲需要與法共舞的麻煩，

就隱瞞我們同志家庭的身分，

也不願意爲此在我們的日常生活中做出任何妥協。

當時我們並不知道，如果艾莉森選擇在紐澤西州生小孩，我們就可以馬上申請，將兩人的名字直接列在孩子的出生證明。因為那時同志婚姻雖還不合法，但紐澤西州有些法官對同志家庭很友善，已經建立一些法庭先例。只不過艾莉森想要在離自家近一點的醫院生產，我們尊重她的決定，讓她在北卡州生孩子。但萬萬沒想到，在紐澤西州辦理思鐸的「第二家長收養」手續，竟會如此繁瑣緩慢。

❖

在辦理思鐸「收養」愷樂的程序中，首先我們要提出申請與繳費，然後由法院認可的收養機構，指派社工人員來我們家裡進行面試訪察。雖然社工十分友善，並未問些不當且奇怪的問題，程序也一切順利，我們卻心有不平，為什麼我們必須填寫如此冗長的申請表，還得經過這樣的面試訪察程序？顯然這是在同志婚姻未合法前對同志家庭的歧視，因為可以合法結婚的異性戀伴侶，結婚後生了小孩，不必經過這種收養程序。

收養程序中另一件要做的事是，住在同一個家庭裡的每一個人都必須去按指印，以便做身家調查，確定沒人有犯罪前科。我因為已是合法家長，不必去按指印、接受調查，但思鐸的父母當時與我們同住，儘管他們是愷樂的親祖父母，同樣也必須經過按指印、查犯罪紀錄的程序。我們沒想到，這成為收養程序中最大的阻礙。思鐸的媽媽第一次按指印便順利成功，他爸爸卻被要求一次又一次去那個機構按指印，連續去了三次，他們仍無法拿到清楚的指印。思鐸的爸爸年事已高，行動不便，每次出門都要大費周章。我們很納悶，為什麼一直無法解讀他爸爸的指印，詢問後才了解，有些年長者由於指紋會變得模糊不清，以致儀器無法清楚辨讀。

就這樣，整個收養程序被耽擱了好幾個月，在這段期間，思鐸花了好多時間跟律師與收養機構討論，也打電話去聯邦調查局詢問指印事宜。最後那位對同志收養程序很有經驗的律師建議思鐸寫封信，向郡裡專辦收養程序的民事法庭申訴。思鐸在信裡提到收養孩子的緣由，以及我們家裡的狀況，還有他父親因為年紀大，無法取得清楚指印，最後他在信裡直接問法官，難道要等到父親（愷樂的親生祖父）過世後，他才能夠收養孩子嗎？

幸好那封信產生了作用。一個星期內，我們就接到通知，他父親不必再去按指印，法庭也安排了開庭日期，讓思鐸收養愷樂的程序終於完成。我們後來得知，這位法官就是第一個在紐澤西州判決准許同志伴侶一同收養小孩的法官。

在這漫長的九個月中，我們深深體會到許多法令是如此僵硬過時，不但沒給同志家庭應有的保障，反而造成深遠的傷害。萬一我在思鐸還沒正式取得法定親權之前出了什麼事，愷樂豈不成了「孤兒」？因為他將沒有任何一個法定上的親人，這個法律系統會如何安排他的未來，我們無法猜想。再加上我們當時已準備好回台灣的行程，讓愷樂能與台灣的阿公阿嬷和其他家人第一次見面，倘若我在台灣出了事，愷樂將受到如何的安排處置，思鐸是否能有任何法定權利來表達他的意願？這也是為什麼同志家庭在法律上應該得到完善的保障，小孩才能受到應有的保護。

當思鐸在紐澤西州完成收養手續，成為愷樂的「第二位」法定家長，我們就去詢問律師，能否在愷樂的出生證明上加入思鐸的名字。律師告訴我們，美國聯邦政府法律有「充分信任與尊重」條款，要求各州對其他州的公共法律、案卷和司法程序給予充分信任和尊重，承認其效力。所以照道理，北卡州應該承認紐澤西州法院的收養裁決，然後遵照北卡州收養程序後的規定，將辦理收養的家長列入出生證明上。於是律師幫我們聯絡上那位當初在北卡州幫我申請親權的女同志律師，運用這個條款，在北卡州申請更改愷樂的出生證明，把思鐸的名字加進去。可是北卡州政風保守，當時也沒有同志婚姻，我們不確定是否能順利更改。所幸，承辦人員剛好是美國原住民，他說他很了解少數族群在法律上受到的歧視，所以他保證會幫我們完成程序。

幾個星期後，紐澤西的律師打電話給我們，告知更改好的出生證明已經寄到他的事務所，思鐸的名字已經加上，只是北卡州並沒有修改出生證明的格式，所以思鐸的名字被列入「母親」一欄。思鐸在歡欣之餘開玩笑說：「反正我做過扮裝皇后，當媽媽也無妨！」但他終究不是「母親」，任何人看到思鐸，都可以清楚了解他是個「父親」。我們那時只能盼望，將來這些表格能夠改用共融性的名稱，將「家長」一詞列入表格裡，讓出生證明上能有「母親／家長」和「父親／家長」兩種欄位。

就這樣，我們成了北卡州第一個有男同志雙親列入孩子出生證明的男同志家庭。

❖

我們那時計畫每兩年回台灣一次，好讓愷樂和台灣親人與文化有更深刻的連結。第二次回台灣是二〇〇五年十二月底，我們除了和家人、朋友團聚，還吃遍台灣美食，同時第一次在台灣做了公開演講。

這場演講是透過當時在彰化師範大學就讀博士班的學生王大維的邀請，由彰師大「輔導與諮商學系」舉辦。事由是王大維有次剛好在美國諮商學會的《今日諮商》雜誌（*Counseling Today*）讀到思鐸的文章，思鐸在文中提到我們的家庭組成，以及準備到台灣的度假計畫，便與思鐸聯繫，詢問我們是否願意到他系上演講。因為彰化離我台中父母家不遠，我們就答應邀約，以同志家庭身分分享我們的故事。

除了進行這場演講，我們也想加做一場叫做「反壓迫學習」的工作坊，以訓練這些未來的諮商師學習面對社會壓迫的議題，了解多元文化交織性在諮商工作中的重要。這個工作坊原本是思鐸在念博士班時跟阿諾博士學來的，後來他開始當教授教書，都會將這個工作坊加入課程中，讓每一屆的研究生都會經歷這個課程。我參與過這個工作坊，也相當熟悉內容，所以我們決定以中英文雙語，兩人一起合作來做演講和工作坊。

原本以為大概只有四十名學生會來聽演講，結果走進演講廳時，發現座無虛席，來聽演講的除了碩博班學生，還有老師和校外人士，總共大概兩百多人。演講結束，愷樂也加入我們，一起回答與會者的問題。這是我們第一次在台灣的公開演講，也是台灣第一次有同志家庭在公開場合帶小孩現身說法，所以大家的反應都很正面，也很珍惜有這樣的機會認識並了解同志家庭的故事與議題。事後，思鐸主動詢問當時的系主任（趙淑珠老師），看他們是否有興趣在隔年邀請思鐸到系上擔任客座教授，因為他即將有留職留薪的學術休假。

❖

離開台灣返回美國的旅途上，有兩件事讓我更加體會到，社會體制上的種種壓迫對我們的影響。

當我們在桃園機場出境檢查證件時，負責檢查證件的人員問我，為什麼把美國護照上的姓從「陳」改成「陳海」？（我當時在美國已正式改姓，但還未在台灣變更，因為牽涉到的舊文件資料太龐雜，要逐一更改很麻煩。）我不知道他為什麼會問這個問題，也不知道我的回答會帶來什麼後果，只好把心一橫回答：「這是為了讓我們一家三口有同樣的姓。」結果檢查人員什麼話也沒說，就讓我們過關。

到了美國在西雅圖機場轉機前，我們必須先經過美國移民局檢查證件，思鐸和愷樂的護照證件都順利過關，移民局人員在看完我的美國護照後，竟然叫我去旁邊的辦公室做進一步處理。思鐸馬上開口問他，為什麼我被如此要求，而他和愷樂卻不用？得到的答覆是：「你等一下就知道。」當我們在這個辦公室旁邊排隊等候時，我心裡緊張地揣測各種理由，雖然我已經入籍成為美國公民，也合法地同時使用台灣與美國的護照，到底是什麼原因讓我被要求做進一步「處理」？難道因為我是亞裔人士、是同志、有伴侶和小孩，還是這種組合讓我成了「被注意對象」？半個小時後，我終於被點名進入辦公室，結果他們只說：「你可以走了。」沒有任何解釋，我永遠沒辦法知道到底發生了什麼事。

從此，每當我做國際旅行，要經過移民證件檢查時，或只是在美國境內其他州旅行時，總是戰戰兢兢，因為不是每個州或國家都會認可我們的家庭關係，我們也不知道何時會因為同志家庭身分，被要求做進一步的詢問檢查或處理。不過，我不會因為這個憂慮、這個需要與法共舞的麻煩，就隱瞞我們同志家庭的身分，也不願意為此在我們的日常生活中做出任何妥協。

13

台灣長假

由於思鐸可以申請留職留薪的學術休假，

就決定帶著三歲愷樂到台灣度過六個月的長假！

其實這個決定的主要目的是想給他一個機會，

沉浸在中文環境與台灣文化裡，

讓他對台灣的認同開始扎根。

當愷樂兩歲半符合蒙特梭利學校入學年齡時，我們就把他從幼兒園轉到一間離家較近的蒙特梭利學校。我們很喜歡蒙特梭利的教學方法，他們十分重視感覺運動操作，特別是在混齡的班級裡，讓孩子依自己的進度學習，並鼓勵他們自發與獨立，在一個祥和充滿關愛的環境裡學習生活技能，發揮創造力。學校的時間表不像幼兒園那樣有彈性，我們必須重新調整接送與照料小孩的任務。因為思鐸當教授，不必每天去上班，白天時間較有彈性，所以他擔任大部分的接送職責，而我任職學校物理治療師，下班時間早，可以擔負放學後的照顧。

在此同時，由於思鐸在李曼學院達到一定年資，可以申請留職留薪的學術休假，再加上他已在彰師大鋪好了路，就決定在二〇〇七年初帶著三歲的愷樂，去一個離家八千多哩遠的台灣度過六個月的長假！其實我們做這個決定的主要目的是想給愷樂一個機會，能在台灣待上六個月的時間，好好跟台灣的家人相處，也能沉浸在中文環境與台灣文化裡，讓他對台灣的認同開始扎根。所以出發前，我們先詢問了幾間台中市的幼兒學園，其中一間聽起來最好，因為他們和愷樂當時在紐澤西就讀的學校一樣，也是採取蒙特梭利的教學方法，除了語言會從英文轉成中文、文化從美國變成台灣，其他在作息、教材與學習方式並不會有太大出入，我們希望這個安排可以讓愷樂適應得稍微快一些。

當我們抵達台灣、親自到學校參觀訪談，發現學校的環境真的很好。老師一看到愷樂，馬上牽著他的手，親切地帶他熟悉環境，和藹地指導他參與作息活動。與校長和教務主任訪談時，他們明確表示會非常接納與肯定我們這樣一個同志家庭，也會虛心學習有關同志家庭的議題，這些都讓我們能夠放心地把愷樂交給他們，在這個新的學校環境學習半年。後來，我們的確也看到愷樂很快就適應這個學習環境，中文進步很多，從簡單的字彙增加到很多語句，讓我們覺得這種浸入性的教學真是學習語言最好的方法。

❖

雖然這間學校讓我們很滿意，卻有兩件事感到有些不滿，一件是和表格有關，另一件則是有關母親節的慶祝活動。

學期開始時，學校安排學生去診所做健康檢查，在此之前，老師先發下一份健康檢查的正式表格讓家長填寫，表格上列著父親與母親欄位。我用中文填寫時，刻意將父親與母親欄分別加上「家長」一詞，然後向老師反應，表示這些表格應該修改成具有共融性的詞語，好讓不同的家庭組成覺得更被接納。結果老師回答：「我們應該用平常心來對待。」意思是，他們怕修改表格意謂著在推翻「常態」的家庭形式。這一點倒是與愷樂在紐澤西的蒙特梭利學校類似，這間學校的入學申請表格也是用「傳統」的父親、母親欄位，我們曾建議修改表格，但他們完全沒意願改變。

第二件事是母親節時，校方準備利用那個週末舉辦募款型慶祝活動。當我們表示不會參加時，他們感到很驚訝。其實在母親節來臨之前，我們就已經跟老師提到，愷樂在母親節是幫祖母慶祝，老師們不懂為什麼他沒有媽媽可以慶祝母親節，即使我們早已對校長和老師們說愷樂有兩個同志爸爸，他們仍無法理解我們不慶祝母親節的處境。我們只好再一次解釋，愷樂是透過思鐸的妹妹當代理孕母所生下的，思鐸的妹妹從不願以母親身分和愷樂相處，她只想當愷樂的姑姑，所以愷樂沒有母親，有兩個爸爸。如果硬要問愷樂的母親是誰，他反而會說自己的媽媽是「大地之母」，而我們並不需要局限在母親節的時候才來慶祝「大地之母」！

在與許多台灣的同志家庭接觸後，發現他們也有類似的經驗，有些外人總是硬把代理孕母視為孩子的母親，即使同志家長們清楚表達代理孕母從未擔任親職，所以不是孩子的母親。這種「以異性戀家庭組成為常態」的壓力與假設，是同志家庭經常要面對的挑戰。相對地，有些女同志家庭的小孩雖然知道雙親有相同的生理性別，可是由於外在環境的壓力，有些孩子為了模仿其他的孩子或在學習辨認歸類的過程中，會把比較陽剛的媽媽叫「爸爸」。這些同志家庭的特殊經驗，並不表示他們的孩子會對性別認同產生混淆，畢竟這是一種源自內在的認知，而這些大人的無知和成見以及社會壓力，才是應該努力改善的問題。

❖

在這半年期間，最高興的人是我媽媽，她很高興難得有這樣的機會，能讓寶貝么兒以及這個特別的「子婿」和寶貝金孫，住在家裡跟她相處半年。

她非常疼愛愷樂，我們也很高興看到愷樂能花時間與阿公、阿嬤相處，也能和其他的伯父母、姑姑、堂表哥姊等見面認識、建立關係。愷樂在這段時間總是很快樂地跟大家相處，也常常發揮想像力以唱歌、跳舞、說故事、遊戲來娛樂自己和家人。他原本是個很挑食的小孩，卻看到他在台灣時願意嘗試不同的食物，特別是海鮮類，他竟然願意嘗試魚頭、魚眼睛、魚丸、烤魷魚等在美國沒機會吃到的食物，讓他有機會發展自己台灣血統裡吃海鮮的本事。

這半年，愷樂也經歷了很多台灣的節慶，對於傳統習俗有了更多認識。其中讓他印象最深刻的，是過年時接連不斷的鞭炮聲。雖然我們曾帶他去賓州費城的中國城看過鞭炮（因為紐約州和紐澤西州已禁用鞭炮），那時他還有點害怕鞭炮聲，然而這次在台灣已經很習慣這種聲音，也很興奮地看到長串的鞭炮在除夕夜裡點燃爆開，他摀著耳朵，充分享受鞭炮帶來的節氣氣氛。

當然，過年時最棒的還是食物，我家人在除夕夜總是準備了非常豐盛的菜餚，許多家傳的菜色是我們在美國吃不到的。而愷樂最喜歡的是大人在年夜飯後發紅包給小孩子的習俗，他在美國過年時會收到我們給的紅包，不過在台灣，他有阿公、阿嬤和這麼多的姑姑、伯伯，他很高興一下子就能拿到這麼多紅包。春節的尾聲是元宵，我們也趁機去參觀台中和台北的元宵花燈節，欣賞到很多鮮豔亮麗的花燈。

另一個愷樂未曾經歷過的節日是清明掃墓節。那天，家人們結夥去大肚山上掃墓，我們家的家族墓園立了個碑，稱之為「蕭陳園」，是用來紀念祖父母和父母蕭陳兩家的姓。當初墓園建好後，除了移葬祖父母的遺體和骨灰外，也預備給父母親和每個兄弟的家庭使用。墓園所在可以鳥瞰整個台中市，視野很好。我趁這機會將這個墓園的意義解釋給愷樂聽，也教他跟著大家向曾祖父母的墓位鞠躬致敬。然後愷樂很開心地幫忙打掃整理墓園，還童言童語地說，將來大家都葬在這裡時可以開派對。

由於這次在台灣停留的時間較長，我們除了在週末去了台北好幾趟，也走遍很多名勝古蹟，包括北投、淡水、鹿港、台南、新竹、花蓮等地，讓思鐸和愷樂經驗到台灣的美，愛上這個現代與傳統共存又充滿人情溫暖的地方。我們甚至去了香港幾天，和兩個在紐約認識的朋友重聚，也帶愷樂去香港迪士尼樂園玩。那是愷樂第一次去迪士尼，而他可能是那裡唯一一個不知道米老鼠是誰的小孩！

❖

這次的長假，除了讓我們有機會多陪伴年事已高且身體欠安的父母，也讓思鐸能夠到彰化師範大學擔任客座教授，並且有時間寫作。思鐸在彰師大分別為碩士班和博士班開了一門「性諮商」的課，他邀請我為碩士班的課擔任翻譯，這是台灣諮商研究所中第一次有性諮商的課，而且是第一次由同志伴侶一起授課。我除了幫思鐸在課堂上翻譯，也接到很多轉介，看了一些物理治療個案，做了很多專業上的演講和工作坊。我們在彰師大時，許多學生和教授，包括幫思鐸申請到客座教授機會的趙淑珠老師，都鼓勵我們應該把我們的故事寫成書，讓更多人受惠。

而此行中，我們看到了比以前更多的出櫃同志。台灣經過了民主化的成長，醞釀了很多平權運動，從女權運動、性別議題到同志平權，儼然已成為亞洲地區在同志運動中的領導者。當時台灣開始了一個「拉媽」組織（「台灣同志家庭權益促進會」的前身），那是一個給女同志媽媽或想成為媽媽的女同志聚集的組織，我們受邀去參加在台中舉行的聚會，是她們所接觸到第一對有小孩的男同志伴侶。我們在聚會中分享了自己的故事與經驗，也從她們口中了解到同志想成家育兒的困境，包括人工生殖的醫療服務只允許提供給已婚異性戀伴侶、代孕不合法、同志無法收養、同志伴侶無法同時收養他們的小孩或同時得到監護權等。然而儘管現階段台灣經歷了婚姻平權，很多問題仍然存在。

在聚會中，我們也介紹了一些有關同志家庭的英文繪本給她們，談到這類繪本對同志家庭孩子的重要性，而當時台灣這方面的資訊極為缺乏，經由我們的介紹，她們開始著手編列有關同志家庭繪本的書目。那個時候，幾乎所有女同志媽媽仍在櫃子裡，不敢讓她們的孩子知道媽媽是女同志以及與伴侶的關係，我們很榮幸能夠分享自己是如何以公開出櫃身分來撫養教育孩子，以及對孩子誠實公開的好處與重要性，讓她們了解到，對孩子的隱瞞都可能造成問題與傷害。

針對當時的社會情況，我們還談到一個可能的妥協，就是對孩子坦承公開，但也讓孩子了解社會壓力，並且討論如何對外做某種程度的隱瞞假裝。其實在很多同志平權運動歷史及我們的經驗裡，女同志常走在男同志前面，這和女性在女權運動的經驗有關，所以在台灣同志家庭議題上，同樣也是由女同志率先帶動。當然男同志想成為家長，在生理上會比女同志更困難，不過我很高興看到，最近幾年台灣已有愈來愈多的男同志爸爸，也有了同志爸爸自己的群組。

我們很高興看到，當時台灣主要的同志團體「台灣同志諮詢熱線協會」，開始在許多城市為了有同志孩子的父母舉辦活動，也為不同的同志族群設立一些組織與活動，這些都是在同志運動中很重要的步驟，連結了異性戀家長與朋友，讓他們成為同志的盟友，也為了有不同需求的各種同志族群建立支持系統。我們最終的盼望是，台灣能有同志平權的一天，除了享有平等的婚姻權，也能在工作、生育、居住、移民、消費等各種議題上不受歧視，讓同志們能夠理直氣壯地出櫃，大大方方自由自在地生活。

當然要達到這樣的目標，是要靠很多人的努力，所以我常常以身作則來告訴同志們，在平權運動中，每個同志能夠做到、最重要的一件事就是出櫃，每當我們向一個人出櫃，就是用這機會教育這個人；當我們能改變一個人對同志的心思意念，讓他對同志議題有更多了解，進而成為同志的盟友，這延續擴散出去的漣漪效應是可觀的。不過我也了解出櫃的難處，因為我同樣經歷過這個困難。

出櫃等於是走出「異性戀特權」，離開「傳統家庭特權」，對男同志而言，出櫃更可能意謂失去一般的「男性特權」。失去「特權」會令人害怕，然而出櫃後所得到的自由、自尊與自信，卻是非常值得的。

雖然出櫃很重要，我們仍須評估自己的處境，特別是安全上的考量，要想清楚誰才是自己出櫃的安全對象。這個考量對同志青少年來說尤其重要，因為他們通常在經濟上仍未獨立，如果有被父母趕出家門的疑慮，便不適合向父母出櫃。很不幸地，在美國很多無家可歸的青少年當中，同志青少年占了大多數。這也是為什麼我們需要更加努力教育社會大眾。

14

伴侶關係

我和思鐸之間的伴侶關係，
在有了愷樂之後也不是一直很平順。
這個溝通過程有時候充滿情緒和淚水，
有時候會因爲一時找不到解決辦法而失望沮喪，
不過我們有信心可以熬過每一個難關。

就像所有的新手家長一樣，我們並不知道孩子會如何在情感、社交、身體上影響我們。曾經有同事和朋友笑笑地跟我們說：「你們的生活會開始有很大的改變。」「有小孩後的生活會很不一樣。」我們當時還沒完全了解這些話背後的重量，直到整天忙於奶瓶、尿布與睡眠不足的情況中，這些話的涵義才慢慢沉澱在我們疲憊的大腦裡。

❖

有孩子之前，我們常跟朋友碰面，也常有兩人的約會時間。愷樂一出生，所有的社交活動都停擺了，我們的生活真的只剩下奶瓶和尿布，兩人的談話也都圍繞著小孩的話題，再加上睡眠不足，好像對其他事情已經沒有精力應付。

自從辦了愷樂的滿月派對後，我們的娛樂和社交生活急速降溫。愷樂進入幼兒園和學校時，和其他家長在小孩的生日派對或學校活動時的閒聊，變成主要的社交生活。我們兩人在上班和育兒的消耗下，已經失去動力來安排任何社交活動。那時我們住處附近沒有其他同志家庭的朋友，所以只有在自己辦的年度大型派對或是別人辦的節日活動時，才有機會和朋友見面，而平時週末的活動僅限於適合帶孩子去的地方。那時一想到要開車去找朋友，還得帶著小朋友哩哩扣扣的東西，就覺得太傷精力。

雖然我們是三代同堂住在一起，但因為思鐸的父母年紀很大了，加上思鐸爸爸有嚴重失智症，媽媽必須忙著照顧，所以我們都靠自己照顧孩子，不敢將顧孫的責任推到他們身上。在紐澤西度過幾年後，我們覺得生活娛樂太單調，除了到餐廳吃飯、輪流上健身房或偶爾與朋友聚會外，實在很需要在家長身分之外添加其他樂趣，以維持我們的伴侶關係，這樣才能更快樂地擔任家長的職責。快樂的伴侶、快樂的家長，才能養育快樂的孩子。因為我們兩人都喜歡唱歌，當發現「紐澤西男同志合唱團」練唱地點就在離家很近的普林斯頓時，我們心裡盤算著，每星期撥出一個晚上去練唱應該不會太困難。於是我們一起去報名，加入這個合唱團。

❖

我們找到一位女大學生可以配合每週一晚上來家裡幫忙照顧愷樂，加上思鐸母親也會在家關照，我們就放心地去合唱團練歌。雖然那是個非專業的合唱團，但指揮和團裡的中心幹部都有專業的音樂修養或訓練，挑選的曲目極美，難度卻很高，有些還得用德、法語或拉丁語來唱，常搞得我舌頭轉不過來，備受挑戰。雖然我從小到大學都曾在合唱團或教會詩班裡唱過，這次加入「紐澤西男同志合唱團」，重新燃起我對唱歌表演的熱情，也給了我們一個機會能夠回到男同志的社交圈。

合唱團的團員們都很友善，讓我們覺得好像身在一個大家庭裡，雖然我們是其中唯一有小孩的同志伴侶，大家總會寒暄問候孩子的近況，我們也會帶著愷樂參加合唱團的彩排或表演，讓他有機會在這樣的社交場合接觸到不同的音樂。

合唱團除了一年兩次的演唱會，也會在紐澤西各地有一些不定期的小型演出，來增加合唱團的知名度，如果時間允許，我們也會配合參加。其中最有意思的一次是在紐澤西的同志遊行，我們推著坐在娃娃車上的愷樂，跟著合唱團團員一路唱歌遊行，讓群眾看到同志家庭。當然，為了參加正式演出，我添置了人生中第一套西式禮服，學會如何組裝行頭複雜的配件，感受一下光鮮穿著的樣子。合唱團的演唱會也給了我們藉口，邀請朋友從紐約來到紐澤西，先跟我們相聚吃飯，再觀賞我們的演出。

當我們為自己的音樂與社交找到出口時，也顧及到愷樂的音樂教育與發展，所以我們找到一個叫做「Music Together」的音樂班，讓他上了整整兩年的幼兒音樂啟蒙課程。在這課程中，家長要跟著孩子一起唱歌、律動、玩樂器，讓孩子在沒有壓力的情況下，自然地跟著大人玩音樂、學音樂。後來愷樂進階到威斯敏斯特音樂學院辦的兒童音樂班，也開始跟著一位從台灣來的鋼琴老師（劉芳婷）學鋼琴。這之間，我們注意到愷樂對律動跳舞的興趣，便讓他學芭蕾、踢踏和爵士舞。等他上了小學和中學，開始在學校參與音樂劇的演出。

後來我開始讀博士班，因為白天還要上班，晚上直到小孩入睡後才有時間讀書，已經沒有足夠的閒暇時間，就先離開了合唱團。那時我們必須重新調整育兒責任，思鐸很支持我讀博士班的決定，同意週末時獨自扛起照顧愷樂的責任，好讓我有一段不受打擾的時間讀書寫報告。而幾年後，思鐸也因為工作繁忙而離開合唱團。

雖然不再一起參加合唱團唱歌，我們還是會找時間安排兩人的單獨約會，有時候趁著愷樂睡覺後，兩人「溜出去」到普林斯頓咖啡廳喝茶吃點心，偶爾去餐廳吃飯，或是看個電影。還好我們兩人有很多共同興趣，一起從事這些休閒活動成了我們維持感情的管道之一。現在愷樂大了，比較獨立自主，我們兩人出去吃飯、看電影的約會活動，也比以前多了。我們都相信要繼續花時間來滋養伴侶關係和自己的興趣，這樣才有足夠能量教養孩子，同時為同志平權運動盡些心力。

❖

我們認識的同志伴侶朋友中，有很多都已經分手了，也有一些是在有了孩子之後分手。其實，養育孩子會對伴侶關係造成很大的壓力，如果伴侶間無法好好溝通、努力維繫關係，難免會因為育兒、工作、養家等生活壓力而使得關係變質或惡化。像是對孩子的教養態度或模式，不見得伴侶間會有一致的看法，而且孩子和雙親的個別關係，也會因個性和相處應對的不同，建立出不同的親子關係，這些都會讓伴侶間產生摩擦。小孩成長的每個階段都會有不同的挑戰，家長要隨著他的成長變化來調整教養方式及親子相處的機制。面對這些變化，伴侶間也可能因為兩人調整進度的不一致，造成衝突。

我和思鐸之間的伴侶關係，在有了愷樂之後也不是一直很平順。我們有好幾次為了愷樂的事起衝突，甚至會對彼此生氣或傷心難過。還好我們都願意花時間溝通、省思自己，誠實面對問題，處理情緒，試圖更深入了解對方，努力做調整、學著接納，以便找到和解的途徑。這個溝通過程有時候充滿情緒和淚水，有時候會因為一時找不到解決辦法而失望沮喪，不過我們有信心可以熬過每一個難關。

正因為我們的個性不同，面對事情的立即反應也不同，於是愷樂和我們兩人也建立出不同的親子關係。有些話愷樂會跟我說，相反地，有些事則會選擇只跟思鐸討論。我們也會因為不同的事和愷樂起衝突，因為我們的成長背景、跟自己父母親的相處經驗不同，然而這種「代代相傳」的衝突、傷害和相處模式，往往會在不知不覺中滲入自己和孩子相處的機制中，進而影響到親子關係，也影響到伴侶關係。

伴侶關係從不會是靜止的，會因為孩子的加入而產生更大的變化。當我們不小心把親子關係看得比伴侶關係更重要時，問題就會浮現。親子關係和伴侶關係的平衡並不容易，可是人生與家庭，不就是一個不斷尋找新的平衡點的旅程嗎？

15

正義與挑戰

我們一直努力幫助愷樂
建立對自己有多元種族背景的認知與自信，
讓他學會以自身所有的語言文化背景為榮。
不過這不是件容易的事。

二〇〇四年，我們成了居住的鎮裡第二對登記為「居家伴侶」（domestic partnership）的同志伴侶。那時紐澤西州剛立法通過「居家伴侶」條文，讓同志伴侶「享有」一共九項的福利，比起幾年前在紐約市辦理的「居家伴侶」，又多了幾項福利。雖然和異性戀婚姻中總計一千一百多項的福利相比，「居家伴侶」的福利很陽春，不過「九」總比零要好一點，所以我們馬上到鎮上書記辦公室登記成為「居家伴侶」。

有意思的是，那時候簽署「居家伴侶」條文的紐澤西州長吉姆．麥格李維（Jim McGreevey）在同年八月被媒體揭露，發現他濫用私權，非法指派同性戀人成為州政府官員。新聞曝光後，他只好公開承認自己是同志，辭職下台。他之後和太太離了婚，找到另一個同志伴侶，進了神學院讀書，成了美國聖公會的牧師。這也成為紐澤西州奇特有名的政治八卦之一。後來，另一位紐澤西州長榮恩．柯爾辛（Jon Corzine）在二〇〇七年底簽署了「民事結合」條文，前州長便跟他的同志伴侶一起去登記。

紐澤西州的「民事結合」條文號稱與「婚姻」完全相同，只是名稱上不同的「專法」，因為其中包含了紐澤西州賦予「婚姻」的所有權利。雖然「民事結合」比「居家伴侶」好很多，可是因為名稱與「婚姻」不同，仍將同志伴侶視為次等公民，而且「民事結合」的伴侶無法享有任何聯邦政府的婚姻福利，像是聯邦稅、社會安全福利、遺產權、殘障福利等。加上許多總部不設在紐澤西州的公司也不認可「民事結合」，拒絕將婚姻福利給予同志員工的伴侶。儘管如此，為了更進一步保護我們的家庭，保護愷樂的權益，我們還是去做了「民事結合」的登記。

❖

在我們建立家庭的過程中，從非法婚禮、生養孩子、居家伴侶到民事結合，我們對「婚姻」的看法也慢慢轉變。原本很了解傳統婚姻制度裡的問題，特別是對女性的歧視控制與壓迫，讓我們這種支持女權主義的倡導者一直存在對婚姻制度的批判心理。可是生了小孩、成為家長後，我們更深刻體會到婚姻制度對伴侶、孩子及家庭所提供保障的重要性，更加認同倡導同志婚姻在同志平權運動中所扮演的角色。

婚姻制度裡保障的都是很切身實際的需要，包括遺產繼承、醫療決定、社會安全及殘障福利、稅款減免等，而且對同志家庭裡的小孩來說，「婚姻」這個概念會比「居家伴侶」或「民事結合」更容易懂，當然這些孩子長大後會更了解到，他們的同志父母在沒有婚姻權時所受到的歧視有多深。然而，如同其他受壓迫的族群，同志仍要好好創造並經營自己的生活，建立自信、自尊，不斷地為正義、平權奮鬥。

婚姻制度裡的保障雖然重要，卻仍將單身者排除在許多權利之外，同志所面對的歧視也不只在婚姻制度上，還包括就業、居住、生活安全、移民等問題，所以婚姻平權並非爭取同志平權的最終目標，而是重要的里程碑之一。

當時一些國家已將同志婚姻合法化，而美國仍然面臨強大保守勢力的阻擋。其實這股右翼保守勢力一直存在美國歷史中，而且共和黨和民主黨都參與了這個保守勢力的運作，例如惡名昭彰、將同志伴侶明確排除在聯邦婚姻制度外的「婚姻防禦條款」，就是在一九九六年由共和黨和民主黨參眾議員同時通過，然後由民主黨總統柯林頓（Bill Clinton）簽署的法令，讓我們懷疑到底要等多久，美國才會在每一州都有婚姻平權制度。當時只有綠黨（GPUS）這個小政黨，從一九八〇年代開始組織建黨時，就將婚姻平權列入政治平台中。

還記得紐澤西州長柯爾辛曾在二〇〇七年說到，雖然他認為同志婚姻法案終究會在紐澤西州通過，可是他當時因為害怕民主黨在二〇〇八年總統大選失利，所以不願意冒這個政治風險，讓民主黨在紐澤西州提出同志婚姻的立法議案。這種為了政治利益而不惜犧牲原則、罔顧正義平權的現象，在這兩大黨都能見到，所以我們總是在政治上以獨立派自居，不盲從他們所提出的政治號召。當然我們也不會天真地認為，只要同志平權法令通過，同志、同志伴侶和同志家庭就不會再受到歧視。

我們遇到的另一個挑戰是，不同國家對同志伴侶有不同的法律判定，當我們跨越國界時，我們的家庭不見得能得到同等的保護或認定。一個例子是申請愷樂的台灣國籍和護照，當我們完成了「民事結合」，就想開始辦理愷樂的台灣國籍和護照，但那時台灣還沒有同志婚姻的法令。

我先透過電話和電子郵件與駐紐約台北經濟文化辦事處聯繫（台灣因為與美國沒有正式邦交，所以在美國沒有大使館，只有「經濟文化辦事處」能處理外交領務），想了解整個申請程序。我很明白地讓他們知道，我們是同志家庭的身分，但官員不清楚如何處理這種情況，無法給我明確答覆，於是只好先將此事耽擱下來。

二〇一七年，台灣大法官釋憲，裁定禁止同性伴侶結婚是違憲的。聽到這個好消息之後，我決定重新為愷樂申請台灣國籍和護照。那時美國的同志婚姻已經合法，於是我使用登錄了我們兩人名字同為愷樂家長的出生證明，以及合法的結婚證書來申請，意圖試探台灣政府會如何對待在美國有合法證件的同志伴侶和家庭。

由於愷樂的出生證明是由北卡州發出，我必須先將這份證明送到駐亞特蘭大的台北經濟文化辦事處辦理認證，然後帶著其他證件到紐約經濟文化辦事處為愷樂申請台灣護照。當我們親自到紐約辦事處遞送證件和申請表，櫃檯承辦人員看完所有文件，先是表情一愣，然後說她必須向上級長官請示。過了十幾分鐘，她說這個申請案例非屬尋常，必須送回台灣由內政部領務局研究處理，有消息後會再聯絡我們。

過了一個多月仍無消息，我就寫了電郵詢問紐約辦事處和台灣內政部移民署署長。又過了幾個星期，我接到紐約經濟文化辦事處官員寄來的電郵，表示內政部仍在審核，而且因此案涉及「涉外民事法律適用法」，他們有許多問題要求我提供資訊，以便內政部研議，這些問題包括美國代孕、親子身分規定、「非婚生」子女規定、認領和收養的規定，也要求我附上種種法院文件，甚至提到愷樂的中文複姓「陳海」不符台灣「民情」等等。我先是抗議表示，要求這些額外資訊是不合情理，因為異性戀家庭並不需要提供這些資訊，而我們已經提供所有網站上明文規定的「官方要求」文件，為什麼會受到如此差別待遇？這位官員回覆解釋，雖然大法官已經釋憲，台灣仍無相關立法可以「適用」於同志家庭，他想幫我們寫陳情書，但必須用這些資訊及他搜尋到的美國相關規定與判例，再與台灣內政部溝通，為我們這個案例爭取。於是我花了很多時間，收集了許多資訊，回答了所有問題，提供相關文件影本，也引用了台灣「國籍法」的規定和有關「姓名」的新規則，提出很多答辯。就這樣來來回回，我們互通了好幾通電郵，對方才覺得資料應該已經足夠。

又過了好幾個月，我終於收到紐約辦事處的電郵，轉述內政部的答覆，只要我們把在北卡州辦理的親權宣誓書和法院對親權的判決書正本，送去驗證為合法有效文件，愷樂就能取得台灣國籍。這是個非常好的消息，雖然前後花了超過一年才得到裁示，不過有了我們這個案例（公開以同志家長並列的出生證明和同志伴侶婚姻證明，為孩子申請台灣護照），台灣的同志家長在境外生孩子後，只要當地法律允許，可以馬上讓伴侶也登錄在小孩的出生證明上，不必再像過去須先假裝是單親，然後才能幫孩子申請台灣護照。畢竟同志家庭的孩子，也應該在法律上得到擁有同志雙親的保障。然而台灣各地的戶政事務所是能否因應同志家庭組成的各種情況，順利讓孩子盡快登記戶籍與加入健保，仍是許多台灣同志伴侶面臨的困難。

❖

儘管現在台灣同志婚姻已正式合法，同志伴侶可以在台灣辦理「繼親收養」，但只限於伴侶的親生子女，而且限制共組家庭兩年後才能申請。可是很多同志伴侶一直是共同扶養孩子，這並不是異性戀再婚後重組家庭中的「繼親收養」，應該是「同志配偶收養」才對，所以不應沿用「繼親收養」條例。加上收養的申請與批准順利與否，可能會受到各地法院司法事務官的政治理念所影響，造成一些同志家庭無法完成收養。另外，目前同志婚姻其他相關的配套法令不足，像是非血緣孩子的共同收養及對跨國伴侶的限制，都尚未能完善保障同志伴侶和家庭。

在這樣一個未能充分肯定同志權益的社會裡，要用心經營同志家庭，勢必會有持續不斷的挑戰。大事如法律保障、校園安全、工作住家權益等，小事如我們在台灣常遇到的好奇眼光，以及「結婚了沒」、「媽媽在哪裡」這類問題，很多都是源於「異性戀為常態」的假設與偏見。當然在美國，我們有時候也會被「多看幾眼」，然而這些眼光常來自於對我們這樣多元種族同志家庭的不接受與歧視。

雖然多元種族的伴侶與家庭數目增加許多，但媒體報導中仍很少能看到多元種族家庭的形象，而這種同志家庭更是少見，即使歐巴馬（Barack Obama）在二〇〇八年總統大選競選期間非常受到矚目，媒體對他多元種族的身世背景卻常以負面方式處理，或乾脆忽略、隻字不提。不禁讓人感慨，雖然美國在一九六七年已經由最高法庭裁定，推翻了對跨種族婚姻的禁令，社會對多元種族家庭的認知和接受度依舊進步緩慢，許多家長帶著他們多元種族的孩子出門時，仍常常被質問是不是他們的孩子。

我們一直努力幫助愷樂建立對自己有多元種族背景的認知與自信，讓他學會以自身所有的語言文化背景為榮。不過這不是件容易的事。在台灣，很多人存在「皮膚愈白愈漂亮」的偏見，也偏好有白人般「深邃輪廓」的審美觀，所以很多擁有白人血統的「混血兒」，常被視為有異國風情的「俊男美女」。但愷樂比一般白人容易曬黑，在美國有時會被問「怎麼曬這麼黑？」，不過也有很多朋友說「歐亞綜合的混血兒最可愛」，碰到這樣的「讚美詞」，我們常會回應：「每個種族的人都很可愛、好看啊！」而我們面臨的挑戰，就是如何讓愷樂在這種氛圍下不被影響，而能以他所擁有的血統文化背景為榮。於是在與愷樂的相處中，我們盡量避免以這些充滿偏見的方式來稱讚他的外表，而著重在他的能力、長處、家庭背景故事，以及他在面對自己的多元文化背景時所展現的技巧與思考。

這些年來，看著愷樂慢慢成熟長大，看著他如何自覺到別人對他的外表與身材的眼光與評論，了解到對亞洲人的種族歧視，以及加諸在亞裔同志上的刻板印象。他同時也了解到，擁有雙重種族背景的人會遭遇到的雙重排擠，也就是往往白人朋友認定他是亞裔人，亞裔朋友卻認為他不夠「純」，不算是亞裔人。我們看著他如何摸索學習，克服並挑戰這些對種族、對審美觀的偏見與歧視，雖然這不是一條平坦的道路，不過愷樂知道，我們永遠是他的後盾。

16

雙語教育

當學習變成負擔、變成和家長的拉鋸戰，

這樣的學習已經失去意義。

在教養愷樂的這條路上，

我們盡力做好父親的職責，

盡我們所能給愷樂關愛與支持。

從台灣度完長假回到美國時，我們從朋友口中得知，一所採用浸入式中文教學的雙語私立學校成立了，而且離我們住處不遠。我們原先計畫讓愷樂去讀公立小學，因此搬到這個有不錯的公立學校、又有中文教學課程的學區，現在得知這所私立學校的成立，我們得重新考量學校的選擇。因為如果讓愷樂去讀免費的公立學校，他要到四年級才會開始學中文，那麼就得用週末的中文學校來補強他的中文教育；如果花錢讓愷樂去上這所私立雙語學校，他就可以在浸入式的中文教學環境裡，馬上銜接上在台灣學習到的中文，進一步加深對中華語言及文化的認識。

我們前去參觀這所新學校，也跟校長做了很深入的訪談溝通，告訴她我們在蒙特梭利學校遇到「異性戀為常態」的歧視，蒙特梭利學校校長怎麼也不肯更改學校表格，拒絕使用「家長」一詞，讓同志家庭覺得不被接納。這所雙語學校的校長聽了之後，她表示會立即更改所有印製及網路上的表格用詞，讓所有校方的文字使用具有共融性，她還謝謝我們帶給她的機會教育。從這件事更加讓我們覺得，選擇這所學校是對的，他們對於多元文化議題的處理不是只有嘴上功夫，而是以實際行動在努力。我們相信在這樣的環境裡，愷樂將學會以自己的多元文化背景為榮。於是，愷樂正式成為「英華國際學校」的學生。

雖然我們是學校裡唯一的同志家庭，但受到的接納與肯定始終如一。該校使用國際文憑課程，運用「探究式學習單位主題」來引導所有科目的學習。這一年，學校將「學習單位主題」訂定為「家庭」，我們想確定學校會將同志家庭及其他多元家庭組合納入教學，便熱心地將擬好的「多元家庭」書目提供給校長。沒想到校長告訴我們，她早已準備好很多我們書目中所列的書，這讓我們更加讚賞她對多元文化教育的認知與能力。

有一天在課程中，一位老師叫學生畫家譜。在中華習俗裡，祖父母有內外之分，因為傳統婚姻認定女人是嫁入夫家，所以媽媽的父母成為「外」祖父母，我發現愷樂畫的家譜裡，老師忽略了他有兩個爸爸的特殊情況，竟然叫他把我的父母歸為「外祖父母」。我馬上向老師反應，要求去除「內外」之分，只用「祖父母」這個稱謂來描述兩個爸爸的父母。老師欣然接受我的建議，這讓我們再次確認這所學校是真心地在學習接納同志家庭。從這些小事上，我們更深體會到同志家庭是如何破除傳統家庭的性別角色，進而瓦解了父權為尊的傳統婚姻與家庭觀念。

❖

二〇〇九年秋天，愷樂在英華國際學校邁入第三個年頭，就讀國小一年級。雖然他的中文讀寫程度仍不及中國或台灣一年級學生，但老師認為，他的聽講會話能力已經進步到母語程度的流利。

愷樂就像很多同志家庭裡的小孩一樣，有發展自己興趣的自由空間，不會被局限在傳統性別角色的框架裡。因為愷樂對肢體律動與音樂的喜好，很早就開始學舞蹈，國小一年級時，他已經進入第三年的芭蕾舞課程。當其他男同學得知他在校外學芭蕾舞，便開始取笑他，不幸地，這是愷樂第一次被嘲弄。

我們得知後馬上跟老師和校長反應，結果他們決定，安排全校學生（當時只有四十多名學生）去參觀芭蕾舞學校，觀賞他們的表演，讓孩子們了解到芭蕾舞者有男有女，而芭蕾舞所需要的訓練比許多運動訓練來得嚴格。雖然學校的做法很好，讓愷樂不再因為學芭蕾舞而被嘲弄，卻讓他因這起事件失去了對芭蕾舞的興趣，幸好那年暑假參與了一些藝文活動，才又重拾對舞蹈的興趣。

在這樣一個雙語教育環境裡，雖然愷樂只有百分之十的上課時間接受英文教育，他的英文閱讀能力卻突飛猛進，一下子從讀繪本進步到讀章節書，國小一年級結束時，甚至進步到一天可以讀好幾本，還能開始讀國小高年級程度的書。這些超乎期待的進展，更讓我們看到小班制的雙語教育及專業老師授課的好處與成效。

❖

在這同時（二〇〇九年秋天），一群家長和學校主管開始討論，如何將這樣一個教育模式拓展到公立學校，讓更多學生和家庭受益。思鐸也參與了這些討論，和他們一起投入時間精力，在紐約和紐澤西等大都會區中，創辦第一所使用「國際文憑課程」和「浸入式中文教育」的雙語教育特許學校[4]。

思鐸原本並不是特許學校的支持者，反而反對營利性的特許學校，因為它會使用到公立學校的經費，影響到公立學校的營運。不過他也了解，如果無法在一般公立學校系統中建立這樣的教育模式，特許學校是唯一的途徑，便同意配合他們，以教授專家身分幫忙成立。

就這樣，「普林斯頓國際學院特許學校」（Princeton International Academy Charter School）的草創誕生了。之後，思鐸和英華國際學校校長趙仲宜及創辦人廖冰聯手合作，經過五個星期不眠不休的努力，完成了這所特許學校的承辦計畫書，並送交紐澤西

註4——特許學校的營運方式是由私人機構使用政府經費來經營學校，學生不需要繳學費。

州政府審查。他們之所以如此火速進行，是因為紐澤西州政府在同年八月頒布了一項行政令，準備加快行政速度，讓想要成立特許學校的人在一年內完成從申請到設立的程序，為了配合這項政策，他們加速完成了特許學校的申請籌備計畫。

剛開始一切進行順利。二〇一〇年一月，紐澤西州政府核准了這項涵蓋三個學區的特許學校計畫。雖然這三個學區裡的公立學校名聲都很好，不過學生學習成果落差很大，而這個問題並未被妥善處理，加上三個學區裡的中文教學課程成果不顯著，更確認了雙語特許學校成立的必要性。

到了二〇一〇年夏天，預定在第一年包含幼稚園到小學二年級的特許學校已經招滿一百七十名學生，也有候補名單，準備在秋季入學。老師和員工已面試錄用，學校場地也找到了，一切準備就緒，可以按計畫在該年秋天營運。但是萬萬沒想到，三個學區總監與教育委員會竟強烈阻撓特許學校的成立，引發一場「公共關係」的決鬥戰。

早在二〇〇九年秋天，當這群創辦人把特許學校的計畫報備給這三個學區時，他們就提出反對。接著其中兩個學區的幹部開始散播不實資訊，並公開謾罵。特別是普林斯頓學區總監，她本身是白人，不但沒處理好自己學區裡非裔與拉丁裔學生成就落差的問題，反而「控告」特許學校是在提倡「種族隔離」。殊不知特許學校的創辦人當中，有四分之三是有色人種，包括亞裔、非裔與白人，而且報名的學生家庭裡，也包含了許多不同種族、移民、語言背景，這樣多元的組合怎麼會是「種族隔離」？我們所在的學區裡，更有人散播充滿種族歧視的論述，而且是針對創辦人中的華人家長與小孩做人身攻擊與威脅，這樣的做法簡直踰矩了。這些卑鄙手段的目的，是想藉由恐嚇方式讓學區裡的家長害怕，以為特許學校的成立會對學區造成無可挽回的傷害。

二〇一〇年夏天，當特許學校一切就緒，這些學區幹部卻使出殺手鐧。當時特許學校已經找到一棟建築物，並簽訂契約準備整理為學校。由於要改變建物的使用目的須經過「都市規畫委員會」核准，好不容易排上委員會八月份的會議議程，結果這幾個學區帶來強悍的律師團，在會議中指出特許學校提出的建物變更使用申請書有個錯誤，即使這只是行政上的小錯誤，律師威脅委員會，若罔顧錯誤而通過這個申請案，他們會提出訴訟。都市規畫委員會在飽受壓力下，否決了特許學校的申請案，使得特許學校無法在九月開始營運，所有已經註冊入學的一百七十個學生家庭（包括我們），必須在最後時刻另找學校。

愷樂當時就讀的英華國際學校原本要配合特許學校的成立，已計畫不再往上增加年級，所以我們無法讓愷樂繼續在英華就讀。不過由於所屬學區如此惡意中傷所有想讀特許學校的華人家庭與小孩，我們覺得此時將愷樂送到學區裡的公立學校，不會是明智之舉，我們應該趕快找到另一個較安全的學習環境。

如同特許學校計畫書裡提到的，我們相信學校環境應該是重視平等、和平與社會正義，所以根據這些原則來找學校。但住家附近只有「普林斯頓友誼學校」（Princeton Friends School）較接近我們的原則，該校秉持貴格會（Quakers）的精神，遵循著尊重所有人類、對世界負責、培養終生學習、重視和平非暴力等原則，加上他們提供的課程很豐富，最後我們決定申請入學。

申請時，校方告知學校裡有其他幾個女同志家庭的小孩，所以我們不會是唯一的同志家庭，只不過當時二年級沒有缺額，他們想測試愷樂能否直上三年級。我們並不是那種喜歡催逼孩子加速學程的家長，但覺得應該讓孩子接受適當的挑戰，所以當老師評估過愷樂、確認他的程度可以上三年級課程，我們欣然接受讓愷樂跳了一級。由於學校提供的中文課程是初學者程度，我們決定讓愷樂在學校開始學習西班牙文，然後參加英華國際學校的課後活動來補充他的中文教育。

至於特許學校，創辦者開會後決定重整籌畫，準備在隔年秋天開始營運，不過仍會繼續維持原先的計畫，只招收幼稚園到國小二年級的學生。這項決定也意謂著愷樂不可能重新申請回到特許學校，而浸入性的中文教育也就從此中斷。一年後，雖然特許學校有找到另一個校區，卻也因為這幾個學區持續施壓，仍然無法得到都市規畫委員會的許可，結果無疾而終，只能痛心取消了。

從此，愷樂的中文學習不再順遂。我們鑑於課後活動的中文教育不足，聘請了一位中文家教來加強，也讓愷樂開始在週末上中文學校，甚至安排暑假時回台灣參加中文夏令營。就這樣撐了好幾年，因為缺乏浸入性的中文學習環境，中文的讀寫學習必須靠強記死背，變得非常枯燥乏味，使得愷樂逐漸失去對中文的興趣，即使在家裡，也不願意用中文與我溝通。在他升上八年級時，我們決定不再勉強他繼續上週末中文學校，他的中文教育也就終止了。

雖然愷樂的中文開始慢慢退步，他的西班牙文卻不斷進步。當學習變成負擔、變成和家長的拉鋸戰時，這樣的學習已經失去意義，這時如果家長繼續堅持並強迫孩子，只會破壞親子關係、傷害孩子。我和思鐸都和父親不親近，很少感受到父親給我們正面的支持與關愛，所以在教養愷樂的這條路上，戰戰兢兢地要避免重蹈覆轍，盡力做好父親的職責，盡我們所能給愷樂關愛與支持。

17

二代同志

愷樂從小就展現出「非常規性別」的行爲，
很多小事情讓我們愈來愈覺得，
他會是彩虹族的下一代。

愷樂還很小的時候，我就意識到他可能是同志[5]。思鐸剛開始還持保留態度，但漸漸地跟我有同樣的臆測。不過我們的共識是，不管愷樂將來性向為何，我們都會接納並支持他，只要他能誠實、快樂地面對自己、接納自己。

愷樂從小就展現出「非常規性別」（Gender Non-Conforming）的行為，很多小事情讓我們愈來愈覺得，他會是彩虹族的下一代。他在兩歲多讀幼幼班時，有一天他說想跟吉安娜（同班女孩）結婚。思鐸問他：「是嗎？還喜歡誰？」他說：「歐姆。」（同班男孩）。當然這個對話可能只是童言童語，因為我們從小就用繪本教他多元性向議題，但身為同志家長的我們，難免會對這種自發性的陳述感到好奇。後來，愷樂五歲時開始學芭蕾舞，吉安娜剛好和他在同一個舞蹈班，我問他是否記得以前說過要和吉安娜結婚，結果他回答：「可是我現在只想跟男孩子結婚。」

當我們跟其他熟識的同志或異性戀朋友分享我們對愷樂性向的揣測時，有人會露出訝異的表情，有人則以正面肯定的態度回應。其實壓根的問題是，有些成人，不管是同志或異性戀，沒辦法坦然面對小孩也是「性／別的個體」，他們也有能力知曉和表達自己喜歡的對象。然而很多成人會不經思索地假設，小孩是喜歡異性的，所以當孩子說些喜歡異性的童言童語時，反而視為理所當然，不會有任何不自在，但如果說喜歡同性時，反而大驚小怪。曾經有人問我們：「你怎麼可以那麼早就猜測你的孩子是同志？」對於這樣的問題，我喜歡反問：「你怎麼可以那麼早就猜測你的孩子是異性戀？」

❖ 我們從愷樂很小的時候就開始記錄他的童言童語，以下是他六歲時在不同情況下說過的話：

- 我要成為男同志，好跟另一個男生結婚。不過如果我找不到喜歡的男孩，我會跟紅紅（班上的一個女生）結婚，因為她對我很好。

註5——在台灣，「同志」已經成為一個總括的名稱，包含男同志、女同志、雙性戀、跨性別和酷兒等族群（LGBTQ+）。也有很多人會混淆這幾個名稱的意義，簡單來說，每個人都有「性傾向」和「性別認同」這兩種不同的「性／別」身分。「性傾向」是自己會喜歡什麼樣的人，而「性別認同」是覺得自己是什麼樣的人。「性傾向」可以包括異性戀（俗稱「直人」〔straight〕）、同性戀、雙性戀、泛性戀、無性戀等，「性別認同」可以包括順性別、跨性別、非常規性別、不分二元性別、無性別等。其他進一步資訊可以參考「台灣同志諮詢熱線協會」網站。

● 我做事情的方式和其他人不同。
● 我想跟泰勒（生日派對上的一個男生）結婚，因為他對我很好。
● 我希望成為同志，因為同志最棒！
● 我希望西亞（班上的一個女生）會變成男生，這樣我們可以一起當同志。

當愷樂多次用「同志」一詞來形容自己時，我們愈來愈確定他是個同志。記得有一次我們開車送他去上學，六歲的他在車上對思鐸說：「爹地，我選擇當同志，所以我可以跟班上的男生結婚。可是我不喜歡班上任何一個男生，因為他們的牙齒都沒有我的好看。」聽到這話，我們必須用盡所有力氣忍住不笑，還要用肯定的語氣告訴他：「你想跟誰結婚都可以，不過六歲小孩還太小，不能結婚。你會有很多時間，慢慢決定將來要跟誰結婚。」

愷樂七歲時，有一天他這麼說：「所有的女生都想跟我結婚，我覺得好討厭！我才不要跟她們結婚，我要跟男生結婚。我是同志，我要找一個家裡有棵大樹的男生，這樣我們可以一起蓋樹屋。我是同志，因為爸爸和爹地都是同志。我發誓我永遠會是同志，即使我改變了心意，我也永遠會是同志。」很多人聽到這樣的話可能會說，孩子想成為同志是想學他的同志爸爸，跟他的同志家長認同，而不是自己真正想要的。碰到這類問題，我常會反問，同志不也大多是異性戀家長帶大的，為什麼不會隨著家長的腳步成為異性戀呢？而且多數在同志家庭長大的孩子是異性戀，也沒有被同志家長影響而變成同志。家長最重要的職責是給孩子支持，讓他們真實無畏地活出自己。

思鐸的母親也有同樣的疑慮。一天，愷樂跑到祖母房間宣布自己是同志，讓她嚇了一大跳，因為在這之前，我們還未跟她提過愷樂說過他是同志這類的話。思鐸的母親從房裡走出來，告訴思鐸關於愷樂剛剛跟她說的話，問我們是否聽過。他平靜地說，我們已經聽過這樣的話好幾年了。她接著問：「你們確定他在這個年紀可以清楚知道嗎？」我接口說：「最重要的是，不管愷樂在任何一個階段說什麼樣的話、有什麼樣的認定，我們都要完全支持他。」

幾天後，思鐸的母親大概又將此事想了很多，看到我們時就說：「我們是不是應該幫助愷樂，讓他知道這樣的話該對什麼人、在什麼時候說，才不會受到傷害？」思鐸回答：「愷樂很聰明懂事，而且他的學校（普立斯頓友誼學校）裡有幾個老師是同志，其他老師也對同志很友善，不會有問題的。如果發生什麼事，我們會幫助他一起面對處理，最重要的是，要讓他能夠誠實表達自己。如果今天他跟你宣布說他是異性戀，你會有同樣的擔憂、問同樣的問題嗎？」

❖

幫愷樂找到具有同志主題、角色、家庭的繪本並不太難，可是要找到同樣主題的青少年小說讀本，卻是難上加難，特別是描寫出櫃的小學生該如何面對家庭、學校和世界，要如何建立他們的自信、夢想和希望的書更是缺乏，我們真心希望能有多一些童書作家在這方面多寫一些讀本。

或許因為現今網路資訊較發達，小孩子懂的語言字彙較充足，已經有愈來愈多的孩子在小學或初中就出櫃。畢竟異性戀的小孩不也在很小的時候，就知道自己喜歡異性，那麼同志小孩會這麼早表態也是天生自然的。跨性別的孩子們通常會更早就表現出與生理性別不同的性別行為，作為家長應該給予自由空間與支持，才能幫助孩子有健康的身心發展。

美國從二〇〇〇年初期以來，已在多所高中成立了「性／別會」（Gender Sexuality Alliance, GSA）的學生團體，給同志學生和關心同志的學生們一個安全空間，能自在地聊天互動，建立支持系統，互相扶持。但很少有中學或小學有這樣的「性／別會」，因為許多老師或家長覺得這樣的團體不適合年幼的孩子。目前已有研究報告指出，當學校裡有類似「性／別會」的支持團體，同志學生受到霸凌的比例會降低，身心健康也有顯著改善。根據心理學教授里奇・薩文威廉斯博士（Dr. Ritch Savin-Williams）的研究及許多人的經驗，不只在高中看到愈來愈多出櫃的學生，在小學與中學出櫃的人數也愈來愈多。所以，小學和中學的同志學生在學校很需要有這樣的支持團體。

為了幫助同志孩子與學生，思鐸和幾個諮商界的同仁在二〇一〇年創立了一個叫做「支持學生，拯救生命」（Supporting Students Saving Lives）的年度研討會，這是專門為中小學的諮商師及教師所設立，著眼於研討同志青少年在學校環境的議題。聖地牙哥州立大學的「學校諮商領袖菁英訓練中心」（Center for Excellence in School Counseling and Leadership, CESCAL）為該研討會的承辦單位，從二〇一〇到一三年連續舉辦四年。在第二年的研討會籌辦期間，思鐸跟他們討論到，應該有一個專為小學與中學的同志學生和家庭設立的座談會，讓家長與學生能分享他們的故事與經歷。

一天晚上吃飯時，我們提到這個研討會裡準備增加的座談會，愷樂隨口說：「我可以加入這個座談會嗎？」思鐸和我對看一眼，馬上回答：「當然可以！」在第二屆的「支持學生，拯救生命」研討會裡，由於籌備團體找不到其他小學或中學的同志學生和家長來參與，我們一家三口成了座談會的專任講員。

在那一場演說中，我們安排讓愷樂介紹幾本有關同志主題的繪本與章節讀本，所有與會的大人都很驚嘆七歲半的愷樂能夠如此勇敢又清晰地介紹書本。那次，愷樂也向聽眾們公開自己是同志，讓我們很為他的勇氣感到驕傲。不過在這之後，愷樂決定不再跟他不認識的大人公開出櫃，我們當然尊重他的想法，也不勉強。就這樣，我們全家連續三年參加研討會，愷樂也始終是其中唯一的小學生講員。在這三年的研討會演講中，我們觀察到愷樂在回答聽眾問題的能力愈發成熟進步，而他也逐漸了解，能夠以小學生的身分來教導其他大人，這是多麼獨特的經驗。

❖

愷樂能對這些議題有這樣的表達能力，應該和他從小就接受完整的性／別教育有關。思鐸教人類性諮商的課程多年，也曾擔任性諮商師，所以在孩子出生前，我們就討論過要如何給孩子性／別教育。

我從小在傳統文化下長大，家裡從來沒有人會談到性方面的議題，那時只在國中健康教育課本裡有兩章性教育內容，然而老師也不敢教，叫大家自己讀。所以我在性知識方面的摸索是自己偷偷摸摸學來，也不確定找到的資訊是否正確。出櫃後這些年，對性知識、性教育與性別議題已建立了清楚觀念，也能坦然面對，所以跟思鐸討論後，我很快就同意，我們會從小給孩子適齡的性／別教育，不會像其他很多父母一樣，等到孩子進入青春期才「上課」，因為等到那時已經太晚。畢竟性／別教育涵蓋的範圍很廣，不是只談到性，重要的還包括小孩對自己身體與生理變化的認識、對自己與別人的尊重，以及人際關係中「同意」的重要性。

給孩子們完整適齡的性／別教育，才能幫助孩子有健康的身心發展，也才能防範性侵害的發生。我們從愷樂一出生，就立志做個「無話不能說」的家長，讓愷樂在性／別教育方面能夠有開明的認識管道。我們讓愷樂從小就知道自己的身世來源，跟他誠實分享我們是同志的生命故事，因此愷樂從小就多次參加同志大遊行和同志合唱團的演出，還有和其他同志家庭聚集的同樂活動。

我們也收集了許多繪本與章節小說，內容涵蓋了家庭的多元性、同志家庭、性別議題和同志青少年的話題，還買了一整套羅比・哈里斯（Robie Harris）撰寫、麥克・恩伯利（Michael Emberley）繪圖的兒童性教育系列叢書，包括《It's Not the Stork》、《It's So Amazing》和《It's Perfectly Normal》，這三本書按照孩子的年齡層分段，提供淺顯易懂、相當詳盡的性知識，不過對同志家庭部分只稍微提到，並未深入探討。我們用這套書來加強愷樂適齡的性教育。

愷樂從幼兒進入童年、青少年的每個階段，我們總是學習仔細聆聽孩子，把握善用每一個教育機會。我們會確定愷樂學會所有男女性身體部位的正確名稱，也會在他還未進入青春期之前，就談到很多青春期時的身體變化。

當愷樂進入中學，同學們察覺到他對這方面的知識了解很多，就喜歡問他問題，甚至在老師不清楚答案時，同學會向愷樂尋求答案，這對個性內向的他來說，反而造成困擾與不適。有一次，學校安排鄰近一個同志青年團體到學校做同志教育講座，他們用問答遊戲方式讓學生參與，結果愷樂是唯一能答對所有問題的學生，給他們留下深刻的印象，也因此成為同學眼中的「同志議題專家」。其實每次我們一家人演講時，聽眾總會問愷樂一些問題，這給了他很多機會，學會在公開場合遇到問題時能臨機應變，做有深度的答覆。

❖

在美國，小孩子很喜歡過情人節，除了有心型糖果和巧克力吃，他們也可以互送卡片，表達好意。愷樂讀的普林斯頓友誼學校有個規定，為了避免學生遭到排擠，校方要求所有學生在送卡片時，必須送給全班同學，一律平等對待。愷樂在六年級過情人節前突然對我們說，他想利用這個機會，在情人節卡片上跟所有同學出櫃。我們聽了之後，當然表達對他的支持。於是，愷樂在所有的卡片上寫著：「祝你情人節快樂！附註：我是同志！」就這樣，愷樂在學校公開出櫃了！

幾年後，一位紀錄片導演在製作我們家的紀錄片時，問到愷樂出櫃的事情。他解釋，決定出櫃的原因是很多朋友會假設他是異性戀，如果他不跟朋友明白表態，就覺得自己是在隱瞞事實。在「異性戀為常態」的前題假設下，大部分的人都會假設別人也是異性戀，這就造成了同志必須出櫃的情況。如果社會能進步到不再有「異性戀為常態」的前題假設，每個人就可以自在地去喜歡另一個人，當性別不再成為「問題」，同志就不需要再「出櫃」了。

18

合法婚禮

從「非法婚禮」，接著養育孩子，

到以合法婚姻重新肯定彼此的誓約承諾，

我們所做的這一切都是出於愛！

二〇一一年夏初，紐約州立法院通過同志婚姻法令時，我們正在北卡州艾許維爾市度假，在思鐸妹妹的農場裡，跟她剛買的三隻水牛見面。在這之前的幾個夏天，因為我正在攻讀博士學位，我們便停辦一年一度的夏季派對。這年，紐約州同志婚姻的立法剛好給了我們一個好理由，再次邀請親朋好友來參加派對，只不過這次是要慶祝我們合法的婚禮。那時紐澤西州仍然沒有同志婚姻立法，而全美國的同志婚姻也得等到二〇一五年最高法院判決後才合法，但由於思鐸算是紐約市政府的公務員，律師建議我們不要等紐澤西州的同志婚姻立法，先在紐約市舉行婚禮，進一步保障我們家庭的權利。於是決定在那年夏末的美國勞動節週末，舉行我們終於合法的結婚典禮。

這次我們不想大費周章、花費太多，只想辦個慶祝式的典禮和派對，便找了一間位於紐約曼哈頓東村的貴格會教堂。貴格會講求簡樸精神，所以收費非常低，而我們的合法婚禮，也如同芝加哥的非法婚禮，都是在教堂舉行。雖然教堂建築樸實無華，但是對面剛好有公園，便向市政府申請了公園的使用許可，在那裡舉辦我們的慶祝派對。

❖

那天是夏末一個晴朗無雲的午後，氣溫舒適宜人。受邀的賓客們在閒談與笑聲中，陸陸續續走進這棟紅磚蓋的老建築。在正廳門口迎接賓客的是思鐸的母親與愷樂，他們負責將小彩虹旗、紫色與粉紅色的羽毛圍巾和節目表分發給每位賓客。當賓客入席後，愷樂就加入我們，準備開始這場婚禮。

儀式一開始，我們三人先站在教堂的詩班閣樓，隨著我的吉他伴奏唱起〈彩虹彼端〉（Somewhere Over the Rainbow）。這首歌是電影《綠野仙蹤》（*The Wizard Of Oz*）的主題曲，由於歌詞中講到對彩虹彼端的憧憬，反映出同志對平等自由的嚮往，這幾十年來已經成為同志們的「國歌」。

在彩虹彼端，青鳥飛翔，
鳥兒能飛越彩虹，
為何我不能？

唱到第二段歌詞時，我們邀請賓客一起唱。這時，身穿同款西式禮服的我們三人開始慢慢走下樓梯，步入教堂大廳中央，這是這場合法婚禮以及誓約重定的開幕曲。為我們主持婚禮的是個不分教派的牧師，本身也是同志家長，在我們唱完後開始致詞。他在致詞中提到我們認識十七年來的辛苦經營與經歷，從承諾典禮的「非法婚禮」，接著養育孩子，到今天決定以合法的婚姻重新肯定彼此的誓約承諾，鞏固我們家庭在法律上的權利與地位。我們所做的這一切都是出於愛！是我們兩人之間的愛，也是親友們支持我們所付出的愛。對我們而言，這愛最大的驗證就是愷樂。所以我們將今天這個特別的日子獻給愷樂，以及天下所有身為同志或有同志家長的小孩們，願他們生命中充滿愛和盼望，也永遠相信「一切皆有可能」！

在牧師的開場致詞後，我們邀請在場小朋友聚集在會場前面，讓我們用一本詩書和一首歌獻給他們。我們讀的詩書是桑多爾·斯托達德·沃博（Sandol Stoddard Warburg）的《我喜歡你》（*I Like You*），唱的歌是〈一切皆有可能〉（Everything Possible），作者是佛列德·斯摩爾（Fred Small），他這首歌是為一位女同志朋友寫的，讓她能有一首特別的歌，唱給九歲的兒子聽，而這首歌也是我們唱給愷樂聽的第一首歌。歌詞中有幾句話對我們格外意義深遠：

> 有些女人愛女人，有些男人愛男人
> 有些人會養育孩子，有些人不會

你可以整天無止盡的夢想未來
知道你的一切皆有可能

你想做什麼樣的人，就去做吧
你想要愛什麼樣的人，就去愛吧
讓你的心引著你、帶你去任何地方
只要你知道、我會永遠愛你

最終，對你言語與行為的唯一衡量
將是你在這些經歷後所留下的愛

唱完歌後的儀式，是愷樂設計的「心的守護者」。他捧著一個深紅色心型盒子，將巧克力從盒裡取出，讓我們父子三人一起吃，象徵我們愛與心的分享。等孩子們都回到原來的座位後，牧師讓我和思鐸以中文和英文再次宣讀十五年前所寫的承諾誓言。如同在芝加哥的非法婚禮，很多親友也被我弄哭了。感情豐富的我再次讀著十五年前寫給彼此的誓約，這些年來的經歷與滿滿的愛湧上心頭，我忍不住哽咽地哭了。

說完誓言，牧師宣告，從今開始我們便是合法結合的「夫夫」！

婚禮後，我們邀請所有來賓一起走出教堂，穿戴著羽毛圍巾，揮舞著彩虹旗，到對街的公園享用事先請人特製的紙杯蛋糕與鮮果冰棒，在公園裡慶祝我們終於合法的婚姻。

❖

回想這些年來，我們經過了芝加哥的「非法婚禮」、紐約市的「居家伴侶」、紐澤西州的「居家伴侶」、紐澤西州的「市民結合」，到現在紐約州終於合法的「同志婚姻」，這一步又一步繁瑣的程序，都是為了鞏固我們的伴侶關係，保障同志家庭的權利。這個合法的同志婚禮以及我們十五週年的誓約重定，充滿了愛與祝福，也讓我們終於嘗到法律保障的安全感。婚禮前，剛好有《世界日報》記者做了我們家庭的專訪，婚禮那天，她也經歷了人生中第一個同志婚禮。

有別於芝加哥的「非法婚禮」，這次整個儀式程序的設計與安排，有了愷樂的參與和幫忙。「儀式」總在我們的伴侶關係與家庭生活中扮演了重要角色，因為我們相信「儀式」的力量，可以在很多方面維繫我們的關係與家庭。在眾人面前公開慶祝我們的愛與家庭，重新肯定我們的誓約，正是「同志在法律面前平等」的宣告，一個「愛勝過恨」的見證。

十五年前的非法婚禮中，由於我們太過熱烈，安排了很多儀式，結果整個婚禮超過一小時，差點讓賓客們在酷熱的教堂裡中暑。這次我們學乖了，整個合法婚禮儀式只有二十分鐘，簡短卻甜蜜到位。賓客中也增加了好幾組同樣是亞美組合的同志家庭，養著多元種族的孩子，所以在公園的慶祝派對中，看到很多小朋友開心地嬉戲玩耍。最有趣的是，其他在公園裡玩的孩子們看到我們的彩虹旗，竟然向我們要了幾面，我們也將紙杯蛋糕和鮮果冰棒和他們分享，讓大家一起歡欣慶祝，畢竟「何事能妨笑口開」！

慶祝派對結束後，我們一家人開車到城西的空中鐵道公園。雖然租不起這個場地，但可以免費在那裡拍些照片，順便在旁邊雀爾西市場（Chelsea Market）裡的餐廳，用晚餐答謝主持婚禮的牧師和他的家人。

在合法婚禮前，我們未曾以「丈夫」、「先生」來稱呼彼此，現在終於可以自在地使用這種詞彙了。所以我們決定，將紐澤西的車牌從「只是民事」（JUSTCVL）改成「夫夫結合」（HUZBNDS）。

19

愷樂勇氣

愷樂漸漸清楚自己的立場，

開始倡導青少年的權益。

原本以爲我們的職責是要教育孩子，

沒想到愷樂卻成了我們最棒的老師，

愷樂從小學三年級一直到中學（八年級）畢業，都是在普林斯頓友誼學校就讀。這期間，我們在這所學校花了好多精力，試著倡導同志議題，可是因為校長的作風與政治理念，讓我們遇到許多阻力。在美國的政治歷史上，貴格會做了很多前進派的改革與抗議活動，但校長一句「我們是貴格會學校，不是貴格會教會」，試圖阻擋我們的倡導，要我們不該期待學校像貴格教會的歷史般勇於改革。

不過就在我們努力五年後，校長終於同意將我們捐給學校的一面彩虹旗，連同代表不同學生、員工背景的國旗，掛在集會廳的牆上，成了我們的第一個「戰績」。之後校長也同意，讓思鐸對中學部學生連續兩年上一堂四十五分鐘的「同志教育」基本課程，以及針對全校老師的「反壓迫學習」訓練課程，這個課程是創校三十年來第一個有關多元文化的師資訓練課程。

同直教育聯合網（Gay Lesbian and Straight Education Network, GLSEN）是一個專注為同志學生創造安全教育環境的教育組織，他們提供了很多有關同志教育的教材與資料，協助學生在學校成立「性／別會」（舊名是「同直學生會」〔Gay Straight Alliance〕）的社團組織。愷樂就讀這學校的這些年來，曾拿著GLSEN製作的「安全空間」（Safe Space）貼紙給不同的老師，請他們張貼在教室門口，顯示這些教室是同志的安全空間，不會讓同志學生受到霸凌歧視。

後來思鐸上「同志教育」這門課時，由於曾有兩名學生課後跟他出櫃，我們便向校長爭取，希望能在學校為學生成立「性／別會」。然而校長一直不同意，理由是學校已經把多元文化議題處理得很好，沒必要成立任何「親和團體」（affinity group）[6]。這個藉口正顯示出她如何不願意面對學校裡的問題，只是自欺欺人，盲目地相信她創辦的這所學校有多好。這個問題同時也凸顯在她執意禁止學生和老師使用「霸凌」這個詞，因為她不認為學生之間的衝突是霸凌，然而霸凌事件的確發生過，她卻從來不願面對處理，也不願聘請專業的諮商師來幫助學生。這種不願面對現實、總想「大事化小，小事化無」的態度，終究會釀出更大的問題。

幾年後，二〇一七年底，我們聽到普林斯頓友誼學校有位男老師遭家長投訴，控告他性侵了數名學生。但校長的態度一如往常，對此事處置不當，想要私下和解了事，結果引發家長和員工的不滿。最後經過董事會、外聘單位和警方調查，這位男老師被革職（我們不清楚他是否接受了法律制裁），而校長也在隔年初被學校董事會要求請辭。

註6——指專給弱勢團體聚集的組織，目的在提供一個安全空間，讓弱勢族群能互相協助支持。

❖

除了彩虹旗的「戰績」，我們的努力也漸漸讓學校老師們願意做些改變。

愷樂在七年級時，文學賞析課的閱讀書目裡有一本關於同志的書，是由美國作家大衛．李維森（David Levithan）所著的《接長吻的兩個男孩》（*Two Boys Kissing*）。這是學校第一次將同志書籍納入文學賞析課的書目裡。雖然這本書已在愷樂的藏書中，也已經讀過，他仍然選擇這本書，而且在上課討論時，坦然地以出櫃同志身分論述自己的解析。之後，一位順性別異性戀的男老師告訴我們，導讀這本書的課，是他任教以來感動最深、學習最多的課堂經驗。學校圖書館老師也開始將有關同志主題的書籍，陸續收進圖書館裡。負責學生健康教育的老師也特別找了一個同志青年團體，來幫學生上課。

其實我們剛到這所學校時，有位非裔家長曾警告我們，學校裡資深管理階層的老師和校長都是老古板，他們不願妥協改變，有口無行。這幾年下來，從我們經歷到的許多挫折與失望，確實認清這所學校不如原本期待的前進與多元，而其中最令人生氣的是，有位老師指控我們對愷樂的教養方式不當，認為我們把大人的想法強加在孩子身上，於是我們跟校長約時間，想當面討論這位老師的指控。幾個月後，校長終於給了一個會面時間，只是在會議中，校長不願談及這位老師的不當言詞，只想把話題岔開到其他的小事上。我們正式要求校長，不准這位老師再擔任愷樂的任何課程，而我們對校長的領導能力，從此失去信心與信任。

後來與愷樂解釋整件事情時，愷樂說，有一次這位老師在課堂上說，愛滋病是同性戀的疾病，他當場糾正老師這個錯誤觀念。我們猜想，這位老師大概對我們全家懷恨在心，才會做出這種指控。就在愷樂畢業一年後，我們從其他家長口中得知，這位問題老師終於被革職了。

因為校長和一些食古不化的老師，讓很多家長對這所學校愈來愈失望，但對我們及其他家長來說，在孩子快畢業的關頭換學校並不實際，所以我們將心力放在尋找一間好的高中，同時提供愷樂更好的支持，讓他的心靈和文化認同都能繼續成長茁壯。

❖

隨著愷樂的成長，我們漸漸減低對學校事務的介入，退到幕後，讓愷樂自己獨立處理。身為學生，愷樂很了解學校的問題，很多老師及行政人員不願妥善處理學生提出的疑慮或建議，因此愷樂漸漸清楚自己的立場，找到自己的聲音，開始倡導青少年的權益，要求大人和學校師長學會聆聽青少年的聲音，尊重青少年的想法。最好的例子便是他在中學畢業時所發表的演講。

普林斯頓友誼學校有個傳統，當八年級學生即將畢業、準備進入高中時，每位畢業生會在畢業典禮中發表感言。只不過學生必須事先寫好感言內容，經由老師審查更改、裝訂成冊後，讓學生在畢業典禮中照本宣科。愷樂對於這種審查程序感到很不滿，根本是在抹滅言論自由，他徵詢我們同意，寫了兩份講稿，一份交給老師審查，另一份是他真正想說的。

到了畢業典禮，輪到愷樂時，他走到台上，深吸一口氣，從口袋裡拿出那份真正的講稿，放在老師審查後裝訂成冊的講稿上，準備發表感言。這時我們看到校長張著嘴，緊張地將手放在心口上，班導師也緊張地喃喃自語。接著，愷樂以鎮定又幽默的口吻，對著一百多位參與盛會的家長和來賓，述說他對學校建設性的批評，希望學校老師、員工能聆聽並尊重學生的聲音，正視霸凌問題。我們心裡充滿驕傲，看著頭髮梳得亮麗、臉上充滿自信的愷樂，穿著自己挑選的淺藍色花襯衫，搭配灰色領結，站在這個充滿歷史的老教堂裡，伴隨著花香鳥鳴，字句鏗鏘有力，發揚著貴格會挑戰社會不平的精神，清晰地讀完他自備的講稿。

致詞結束後，他的同學們一擁而上，表達他們對愷樂的勇氣的愛慕之心。雖然事前曾有其他同學跟著愷樂一起謀畫，表示他們也想這麼做，不過愷樂是唯一敢向權威挑戰、說出真話的畢業生。有位男同學甚至對愷樂說：「你的勇氣（balls，雙關語是睪丸）比我們所有男生的加起來還多！」

❖

中學畢業後，愷樂到賓州的喬治高中（George School）就讀，這所高中也是貴格會學校，可是學校裡充滿了公開身分的同志學生、老師、員工，連新上任的校長也是同志，校風開明許多。為了讓愷樂就近上學，我們再次搬家到賓州；為了愷樂，我們前前後後已經辦家好幾次，難怪有人笑說我們是「孟母三遷」。

愷樂剛上高中時，在十月份的全校集會中，同志社團辦了一個教育全校師生有關同志議題的特別節目，愷樂是台上參與節目唯一的新鮮人，他對全校師生簡短分享了他在同志家庭長大的故事。看到愷樂的表現，學生自治會的高年級學生邀請他加入一個挑戰「異性戀常態」（Heteronormativity）的專案小組，檢視學校各方面需要改善的地方，減少異性戀常態對性少數（Sexual minority）學生族群的壓迫。愷樂同時也加入了稱為「門戶開放」（Open Doors）的「性／別會」，找到一些志同道合的朋友。

身為家長，原本以為我們的職責是要教育孩子，沒想到愷樂卻成了我們最棒的老師，讓我們學到很多功課。所以我們決定，在他十三歲生日的時候，要給他一個非常特別的驚喜。

20

同志成人儀

青少年是童年與成人之間的重要過渡階段，
我們決定爲愷樂設計一個「同志成人儀」，
正式歡迎他加入同志社群。

往年愷樂生日之前，我們總會事先跟他討論慶生會的細節，尊重他的選擇，但這一年我們一反常態，只叫他生日當天早上十一點前穿好衣服，準備出門。

十一點一到，門鈴響了，愷樂中學的兩位同學艾瑪、妮娜以及妮娜的父母站在門口，準備好要帶他去普林斯頓吃午餐，幫他慶祝十三歲生日。不過他們並未告訴愷樂，接下來一整天會有很多其他的慶祝活動。愷樂跟著他們出門後，家裡其他人立刻上車，從居住的賓州新城開車越過達拉威爾河，沿著高速公路開到紐澤西海邊。抵達我們最喜歡的小鎮——艾斯伯里帕克（Asbury Park），展開一連串預先計畫好的慶祝活動。

午餐後，愷樂跟著同學回到妮娜父母的車上。他們告訴愷樂，接著還要去另一個地方，但他得先蒙上眼睛。於是愷樂戴著眼罩，在不知情的狀況下被帶到艾斯伯里帕克。

在他們前往目的地的路上，我打電話給妮娜的媽媽，告訴她很多從紐約市來的賓客碰到大塞車，晚一點才能到，因此必須把整個計畫往後延一點時間。我請他們先帶愷樂去艾斯伯里帕克的一家書店。當他們抵達那家獨立書店時，愷樂已經知道自己被載到艾斯伯里帕克鎮。書店老闆娘和我們很熟，所以她送愷樂一張書店禮券當做生日禮物，讓他能在書店裡挑選幾本書。

接著，他們又將愷樂覆上眼罩，開車到最後的目的地。愷樂睜開眼睛時，先是愣了一下，然後發現他正站在新開張的艾斯伯里帕克旅館前面。他們將愷樂帶進旅館的宴會廳時，錄影師和攝影師跟隨著他不斷拍照，像是追著大明星一樣，還有一群親友在門口迎接他。此時宴會廳傳出思鐸從麥克風廣播的話：「愷樂，進來吧！我們都在等你。歡迎來到你的同志成人儀慶祝會！」

❖

愷樂進入宴會廳，看見整排的落地窗照亮了整個空間。前頭中央有個彩虹氣球做成的弧形拱門，他的兩個爸爸各站一邊，地上有幾個大型懶骨頭豆袋沙發，愷樂和朋友們被帶到這幾個沙發上坐下，所有親友都圍坐在旁邊的椅子上。愷樂仍然一臉狐疑，不清楚到底發生什麼事。

思鐸接著說：「愷樂，這是給你的驚喜！不過在開始今天的節目前，我們要先感謝艾斯伯里帕克旅館的經理和員工，協助我們創造了前所未有的『同志青少年成人儀』。我們也要感謝從台灣、芝加哥、紐約、紐澤西各地來到這裡的親友，以及無法親臨現場的親友，謝謝你們帶來的祝福。更感謝那些以愷樂的名義捐款給GLSEN的親友，謝謝你們支持其他在學校環境裡的同志青少年。接著，為了支持愷樂對威卡（Wiccan）信仰習俗的興趣，我們將用威卡的儀式展開今天的慶祝會，然後和愷樂分享許多親友寫給他的話。最後以甜點招待大家，結束今天慶祝愷樂十三歲生日的同志成人儀慶祝會。」

這個威卡傳統的儀式，是藉由呼喚從四個方位來的生命元素，圍成一個包容生命能量的大方圓，好讓我們在這個方圓裡一同慶祝這個特別的日子。我們邀請四位愷樂的朋友及其家人一同站在前面，用他們自己設計的話語或表演活動，召喚並呈現四個方位所代表的元素。當大家都演出完畢，思鐸說：「來自南方的火，來自北方的大地，來自西方的水，和來自東方的空氣，我們感謝你們，也請將你們釋放回去。願眾生蒙福！」就這樣，結束了這個儀式。

❖

在典禮中，我們了一共朗讀了三十篇由親近的家人和朋友寫給愷樂的祝福之詞，讓他在滿十三歲之際、以青少年身分踏入同志社群時，能夠有這些鼓舞支持的話語伴隨著他。有些朋友因為無法親臨現場，就由我和思鐸輪流朗讀他們的祝福話語。

艾斯伯里帕克旅館的經理也主動準備了一番話送給愷樂。他在致詞中提到，他在十四歲時鼓起勇氣跟父母出櫃，幸好父母接納了他，他才有辦法真實快樂地活出自己。今天他看到愷樂從小就能活出自己，這是多麼讓其他同志欽羨的。而這也是他的員工第一次聽到經理分享自己的故事，大家都被他的真誠感動了。

讀完了祝福話語，旅館員工開始在旁邊的桌子上擺設事先訂好的甜點，我們趁著這個時候，以英文、中文、西班牙文為愷樂唱了三遍生日快樂歌。這些甜點也是專為愷樂準備的驚喜，是從當地一家同志開的甜甜圈店訂製的，一共五十二款特別設計的甜甜圈，包括彩虹圖案，以及按照愷樂喜歡的百老匯音樂劇設計的甜甜圈。

我將生日蠟燭放在彩虹甜甜圈上。愷樂許了願、吹熄蠟燭後，選了一個《悲慘世界》音樂劇的甜甜圈，吃得滿嘴都是紅色糖霜，然後趕緊衝到廁所，因為他不知道竟然會有這麼多節目，已經憋了一整天沒上廁所。這時，賓客也開始享用甜點，搭配旅館為我們準備的飲料，也伴隨著我精心挑選、愷樂喜歡的歌曲，一起跳舞聊天。

❖

這樣的生日慶祝奇想，是在一年前的某一天，思鐸突然提到，應該為愷樂設計一個特別的十三歲生日會，慶祝他進入青少年這個生命里程碑，因為青少年是童年與成人之間的重要過渡階段。

我們已經看到一些就讀高中的同志青少年會帶同性舞伴參加舞會，他們在一個原本只屬於異性戀的傳統中，開創了同志的空間；在各地的同志遊行中，我們也看到有愈來愈多同志青少年加入；此外，專為同志兒童和青少年撰寫的繪本和小說，數量也慢慢增多。許多世界文化傳統裡，會有特別的儀式來帶領兒童進入青少年，像是猶太習俗中的成人禮（Bat/Bar Mitzvah），以及美國原住民文化中的靈境追尋（Vision Quest）等，卻沒有任何特別的慶祝儀式來迎接同志兒童進入青少年的里程碑。因此我們決定，應該為愷樂設計一個「同志成人儀」，正式歡迎他加入同志社群。

當我們背著愷樂偷偷跟親人、好友分享這個構思時，大家都很支持，也很興奮，因為從來沒有人聽過這種為同志青少年舉辦的慶祝會。尤其對很多同志朋友來說，「同志成人儀」象徵的意義十分深遠，不僅意謂著同志族群在這條漫長的平權之路辛苦走了過來，更代表我們可以將這些願景和挑戰，傳遞給新生代的同志。

整個籌備過程花了我們十二個月，其中最大的挑戰就是找一個合適的場地。我們從一開始就想在位於海邊的艾斯伯里帕克鎮找場地。自從搬到紐澤西後，艾斯伯里帕克成了我們最喜歡光臨的小鎮，因為它充滿了藝術氣息、多元文化，還有許多小商店及餐館。這裡同時也是很多同志聚集的地方，每年紐澤西州的同志遊行就在這裡舉辦。所以當「艾斯伯里帕克旅館」開幕時，思鐸就打電話跟他們接洽，旅館經理聽到我們租用場地的用意和愷樂的故事，由於他本身也是同志，經歷過飽受歧視的成長經驗，對這個計畫相當感動，因此主動贊助，免費提供我們場地和員工服務。

安排好食物、場地布置和攝影，剩下的就是賓客名單了。我們想邀請賓客們向愷樂說些話，可是有些親友因為遠距無法前來，便請他們寫下想說的話，讓我們在現場幫他們朗讀。在慶祝會之前，我將所有賓客寫好的賀詞與感言列印出來、裝訂成冊，準備在慶祝會後送給愷樂，留做紀念，也讓他在日後能從這些話語中得到鼓勵。我們邀請了一百二十位親友，有八十位親臨現場，也收集了三十篇感言，分享給愷樂。

慶祝會後，我們繼續和一些朋友在旅館大廳聊天，然後帶著一群朋友到當地的一家美食比薩店吃晚餐。晚餐後，我們給了愷樂另一個驚喜——帶他去參加當地的「幽靈之旅」，隨著導遊到幾個艾斯伯里帕克鎮上有鬼怪傳說的景點，聽著導遊述說當地的鬼故事。當晚給愷樂的最後一個驚喜，便是在艾斯伯里帕克旅館住上一晚。

❖

愷樂回顧整天的諸多驚喜，同時有驚訝和尷尬的感覺。他很喜歡甜甜圈、晚餐及幽靈之旅，但因為個性內向，並不喜歡成為眾人注目的焦點，即使如此，他仍然很有禮貌地面對這些令他尷尬的時刻。

其實在這些令愷樂尷尬的時刻裡，反而有很多大人因為這個典禮所代表的意義，受到很深的感動，許多人（包括我）在說著感言時，是含著眼淚哽咽說完的，許多來賓也感動地跟著掉眼淚。尤其對我們這一代較年長的同志來說，能夠以這種儀式來祝福並肯定下一代的同志，是我們年輕時所無法想像的。而且，很多人是在充滿恐懼的時代，冒著生命危險出櫃，或是在充滿歧視的環境中，抑鬱地生存下來。我們臉上的淚水，其實也是感恩的淚水。我們心存感謝，因為已在同志平權運動路上走過了許多、完成了許多，但是我們也知道，未來仍有很長的路要走。

創造一個新儀式的奇妙處，是你無法預知這儀式會如何完成、如何影響到大家。在這個仍然充滿仇恨的世界裡，這樣一個用愛來慶祝生命的儀式是多麼動人。大部分的同志青少年並沒有同志家長，甚至沒有支持他們的父母。我們衷心期望，其他家庭也能夠複製這個儀式，讓他們家庭中的同志青少年能在充滿支持鼓勵與愛的氛圍裡，踏入生命中的關鍵期，好好成長，成為快樂健康的社會一份子。

迎接每一個勇敢自信的日常

愷樂上高中後愈來愈獨立，也愈來愈注重自己的隱私，為了尊重他，我們開始減少分享他的事，只會提及他曾公開表明過的經歷，其中一項是他目前的性別認同。

愷樂在清楚認識自己是「非二元性別」[7]後，便決定開始使用「they/them」，作為他的英文代名詞。韋氏字典已正式將單數用的 they/them 代名詞，列為「非二元性別」者常用的代名詞，甚至成為二〇一九年底的「年度字」。中文的代名詞「他／她／它」在口說的時候並沒有性別之分，書寫時卻缺乏「中性」的代名詞用字。目前有些人提倡使用

註7 ——「非二元性別」的性別認同，有別於傳統上「女性」與「男性」這種二元的性別。「非二元性別」認同者可能覺得自己兼具這兩個性別，或覺得性別不止女性和男性兩種，或覺得自己在這兩者或更多的性別中流動，或覺得自己沒有性別，或根本不去定義自己性別。

TA，讓所有不認同二元性別的人使用。我原本想在書中使用TA作為愷樂的代名詞，但為了維持閱讀時的流暢性，就採納了編輯的建議，決定不用。

愷樂的獨立，也意謂著思鐸和我開始有更多屬於自己的時間。思鐸繼續在工作上、社會正義議題和政治上做更多的投入，我也開始積極重新投入亞太裔同志的倡導運動，成為「亞太裔彩虹家長」的指導委員之一。「亞太裔彩虹家長」是一個專門給有同志小孩的亞太裔家長設立的團體，目的在幫助家長學會接納他們的同志孩子，同時也給那些因為家人不接納而尋求支持的同志們，一個有歸屬感的安全空間，讓這些充滿愛心的家長能給予這些同志在原生家庭得不到的溫馨。我以自身為同志、又是一個有同志孩子的爸爸這雙重身分，將很多個人經驗與知識帶入組織。

我在這個團體中幫忙做的事很多很廣，除了提供家長一對一的扶持，也協助舉辦一個月一次的支持團體聚會，同時對外接觸許多非同志的亞太團體，參與他們的社區活動，並藉由這些參與，增加同志議題的可見度，讓更多人了解、接納同志。我們還籌辦一些工作坊與訓練會，幫助同志和家長學習成為更有效的倡導者。

我也參與「同志親友會」（PFLAG）的「創造安全學校空間」教育方案，不定期去中小學演講，幫助學生了解同志議題，為同志孩子創造安全的教育環境。二〇二〇年新冠疫情蔓延開後，所有的會議、演講或訓練都轉型成網路會議，也因為不必受到地域限制，我們更積極開始與全美國各地的亞太裔「同志親友會」做連結，彼此分享資源與資訊，也開始合作很多方案。

自從「黑人的命也是命」（Black Lives Matter）運動在美國受到更多人的支持，我也為亞太裔同志親友會的家長辦了六場討論會，幫助他們了解這個運動的相關議題。這些也都是為我即將面臨的「空巢期」做準備，讓我的生活重心慢慢由養育孩子，轉向投入更多社會正義的倡導。

❖

在愷樂追求獨立與轉變的過程中，也讓我學習到很多功課，特別是認清孩子不是「我的」孩子，而是獨立個體，要尊重孩子的需求與興趣，而非強逼他走一般社會標準或傳統文化所定的路。畢竟孩子能夠健康快樂，才是最重要的。

雖然愷樂為了追求獨立，口口聲聲說他不會跟隨我們的腳步，走這條「社會正義倡導者」的路，然而他能夠自發地為同學開一門「酷兒理論」的課，對社會現象總是有批判性的思考，常在網路上與網友辯論政治議題，也能對很多文化藝術做深入的評析，這些已經讓我深感欣慰，知道我們的價值觀早已深植在他心中。

一天，愷樂像往常一樣穿著「非二元性別」的衣服出門，我應他要求，帶他到一家樂器行買電子琴，買完後回到車上，我對他說：「剛剛樂器行裡的那些順性別男性店員們看到你時，臉上露出困惑表情，真的很好笑！」愷樂回答說：「歡迎來到我的日常！」言下之意是他已經習慣別人的異樣眼光，並不在乎別人的看法。他知道要勇敢地活出真我，快樂地做自己想做的事，這才是重要的。我相信，我們教養愷樂的任務已經完成！

讀後

真愛推薦

推薦文

生命教育的最佳教材

精神科醫師、台灣同志諮詢熱線協會理事長
徐志雲

看到子良與思鐸的《兩個爸爸》在台灣出版，實在非常驚喜。子良的成長背景正是台灣近幾十年來社會對於同志態度變遷的縮影，他到了美國與思鐸相遇、結婚、生育孩子，整個歷程鑲嵌在台美同志運動演進史之中，有非常重大的意義，我很榮幸能夠搶先閱讀這本書。

書中寫到，子良小學快畢業時看到當年的《精神醫學導論》，得到的資訊竟是「同性戀是一種精神疾病」，因此被傷害了十多年。他在大學時期嘗試跟女生交往，在基督教環境中對自己的性傾向感到痛苦掙扎，期待得到一個「異性戀的新生命」……這些都是台灣許多同志成長過程中曾歷經的折磨，也是對性少數者的身心戕害！

三十多年前，台灣幾乎沒有任何同志資源，於是子良選擇逃到美國，這樣的例子屢見不鮮，同志拚命遠離家鄉，而親人總是搞不懂他們為什麼要逃走。反過來說，台灣目前的同志平權運動走在亞洲的前端，其實也是讓台灣有機會留住多元人才的重要成就。

《兩個爸爸》所觸及的議題非常豐富，包括子良的父親對於陰柔氣質的反感、家庭出櫃的過程、同志親密關係中的家暴議題，還有美國同志圈的種族歧視。由於子良對於社會平等的高度敏銳能力，裡頭所描寫的各種「微歧視」非常細膩，這些融合了對亞裔和同志的歧視，實實在在地出現在跨國同志伴侶的家庭生活之中。甚至他們在面對政府跟執法人員時莫名地戒慎恐懼，都讓我們看到不健全的法律對公民的影響有多大，帶有歧視的政策傷人又有多深！

在他們的孩子（愷樂）誕生後，兩位爸爸更堅定地以理直氣壯的方式出櫃，才能幫孩子爭取到友善的環境。他們不斷地對社會大眾進行教育，也讓更多有相同處境的同志及其家庭得到支持與陪伴，這些做法都跟同志諮詢熱線長年以來的信念相同。他們非常用心地教育孩子認識這個多元的世界，其中的愛與智慧，更是兩個爸爸對孩子最重要的禮物。

書中寫到，愷樂在中學畢業典禮中寫了兩份感言，一份是拿給老師審查用的，另一份是真正拿來演說以對保守學校提供建言。我看到這一段不禁啞然失笑，因為我在高中畢業生致答詞時幹過一模一樣的事！反骨的同志在人生旅程中竟然出現許多類似的影子，但愷樂能在兩位爸爸全力的支持下，如此自然勇敢地擁抱自己的認同，真的非常令人豔羨。

這本書所描繪的真實生活，都是從事諮商、輔導乃至醫療領域的相關從業人員都應該深入了解的議題，更是每一位社會大眾需要理解的同志生命。如何陪伴我們的個案對抗社會壓迫，如何在多元的世界中打開我們的視野與同理能力，子良與思鐸的這本同志家庭自傳，將是我們最好的教材。

推薦文

讓理念從口號提升為日常實踐

國立臺灣大學建築與城鄉研究所教授
畢恆達

二十年前，因國科會計畫「男同性戀與父母：現身的考量、策略與後果」的需要，趁著到紐約之便，訪談了陳子良。他講述當年因為在台灣看不到正面的同性戀角色模範而遠走他鄉，有了伴侶之後，想與台灣家人分享自己的生活，因而撰寫萬言書，詳述自己的心路歷程以及對於同性戀議題的Q＆A，逐步向家人出櫃。他母親又以古代華人義結金蘭的說法來讓年邁的父親安心。聽到他這麼有意識／意思的故事，深深為之折服。沒料到，這些只是他運動人生的前奏而已。

子良這三十年來的同志人生，相對於台灣同志的集體處境，堪稱超前部署。他的經歷實在太豐富了，從追尋同志認同、建立伴侶關係、遭遇家暴與療傷、參與同志組織與運動、向家人出櫃、（非法）承諾儀式、代理孕母、同志婚禮，到教養小孩、參與同志父母組織，從他個人的身上所拉出的線，幾乎可以涵蓋同志生命與運動的各個面向。

子良和思鐸的故事之所以這麼震懾人心，在於他們這對神仙眷侶都是積極的生活實踐家。從《兩個爸爸》這本書裡，我們可以看到他們如何費心處理同志伴侶的家暴與療傷、協商伴侶間個性的差異（以及跨國婚姻）、反思同性戀組織中的種族歧視、爭取同志伴侶領養小孩、給予小孩身處尊重多元文化／差異的成長環境。小自如何撰寫儀式的邀請函、選擇禮物，再到怎麼取名字、給社區學校機會教育，對他們而言，多元文化與公平正義從不是抽象的理念，而是貫穿落實在日常生活的貓狗小事之中。

這本書暫時止於愷樂的青少年成長經驗。有些讀者難免會敏感於一對同志伴侶果真教養出認同多元性別的小孩。其實，如果真讀進去書中「愛上差異」的觀念與價值，則同志與否本身根本不是問題，真正存在的就只是欣賞與愛罷了。

這本書該推薦給哪些人閱讀呢？約占人間百分之五左右的男女同志當然適合閱讀，可以看看積極實踐的同志（伴侶）活出怎樣的生命與可能性；同志組織／運動者需要閱讀，書裡有很多小撇步與大戰術值得借鏡。事實上，這本書不只是關於同志，任何欣賞多元差異、相信公平正義的人，都能藉以思索理念如何從口號提升為日常的實踐。這個時候，理念才是真誠的，而這也是子良與思鐸之所以讓人敬佩的地方。

推薦文

滿溢的愛與堅毅

彰化師範大學輔導與諮商學系婚姻與家族治療碩士班教授
趙淑珠

認識陳海思鐸跟陳子良兩位老師，是經由目前任教於屏東大學王大維老師的介紹，當時擔任系主任的我認為，可以有兩位已在美國共組家庭且有小孩的同志父親到系上演講，對學生來說，如此的現身說法應該是非常重要的學習機會，因此有了第一次接觸。

那是二〇〇五年的台灣，「婚姻平權」這個名詞尚未出現，多元成家更是難以想像！而當時兩位「璧人」帶著才兩歲左右的愷樂到系上來，他們的出現讓輔導與諮商的學生們大開眼界，原來對同志的理解不是僅限在同志身分認同，而是有未來、可以有個家！我記得演講結束時，在我帶著三口之家往停車場的路上，有一對同志學生追過來說：「老師，謝謝你們給我們一個未來，之後我們也要像你們一樣結婚、生小孩！」我以為只是一場演講，卻對某些學生帶來了一生的希望，我自己也很驚訝現身說法的重要性！

帶著對多元性別的關心，與思鐸及子良的聯繫從未斷過，只要他們回來台灣，我一定會邀請他們來系上演講，也盡可能將他們介紹到不同的助人科系，讓助人者在學習的過程可以認識並理解性別少數的經驗。而他們也在有限的假期時間內，不辭辛勞地對不同諮商科系學生或第一線教師，講述他們自己的情感經驗、父職經驗，以及在社區中如何與不同的NGO（非政府組織）合作的經驗。他們實踐的故事，對於之後如何在學校或社區工作中創造出讓性別少數的年輕人認同的環境，產生了無比的激勵作用！

《兩個爸爸》不僅是同志成長的故事、伴侶關係的故事，同時也是充滿文化衝突以及父親對兒子關於愛的故事。他們的個人經驗具體呈現了社會體制與法律制度的壓迫與對抗的過程，相信不管是哪一種身分的讀者，都能在書中讀到滿滿的愛與堅毅。

台灣於二〇一九年五月十七日通過了同志的婚姻平權法案，但對於同志領養及跨國同志伴侶仍有許多限制，希望這些不公平的限制能早日修正，讓台灣的同志父親們及同志母親們也可以接棒本書，讓更多的「兩個爸爸」、「兩個媽媽」的故事繼續被看見！

推薦文

你我都該同理社會的多元面貌

同志父母愛心協會召集人

郭媽媽

認識子良好多年了，看著他一路走來，同志身分、異國戀情與婚姻，幸福地擁有自己的孩子，又總是樂意分享，為同志盡心盡力，他們成功的關鍵何在？

從娓娓道來的故事中，兩人歷經諸多辛苦與挫折，彼此摸索前進，互相扶持，逐漸步入坦途，終能成為典範。能夠走到這步，其實最大的原因乃是突破了自己的心結，勇敢走出桎梏，從不曾放棄努力，直到找出適合自己的方向與做法，他們從長期經營的關係中獲得力量，共同成長，創造了幸福的三人樂園。仔細研讀這本書，充分感染到兩人的積極正向與勇氣。

認識自己不容易，接納與擁抱自己的同志身分更難。父母經常是同志的心頭大患，子良與思鐸如此用心處理出櫃與原生家庭的親子議題，從和解、溝通、交流中，奠定了兩個家族堅實而深厚的基礎，建立起強大的支持脈絡，相信能給予同志朋友很大的啟發與激勵。

許多人對同志家長充滿疑慮，子良、思鐸的認真與專業絕不輸給任何異性戀父母，角色分工及超前部署更勝一籌，他們用開放的心態因應孩子的需求，並能妥善面對外在壓力，真是讓人拍手叫好，值得好好參考與學習。而他們對平權、法律的種種應對，更是不可多得的經驗傳承。

同婚通過已經兩年了，為何步入禮堂的同志不如預期？生養孩子的同志家長屈指可數？只因法令仍未周全嗎？眼見為憑，看到本書的三人世界，他們打造的真實而美好的理想家庭，也可以是同志的未來。人生有很多選擇，每一個決定、每一步行動都會更接近自己的夢想，但願子良與思鐸「意向性」的故事能讓同志們邁開大步，更勇於追求及掌握幸福。

一般的社會大眾也需要看到這樣成功的同志家庭，才能拓展視野，減少歧見，並且同理不一樣的各種需求，了解多元的家庭樣貌，這才是更豐富的人生百態。

推薦文

用愛接納

資深心理師、故事療癒作家
周志建

站在一個敘事心理治療師的位置，我讚嘆子良的故事所帶出的多元性別教育及多元家庭「解構」意識；站在一個好友的位置，我深深以子良為榮。

從物理治療師退休以後，他的生命開始轉向，他轉向自己，開始說故事。

「我說，故我在。」說故事，讓他成為真實的自己。

「我們不是因為勇敢而說故事，而是因為說了故事讓自己變得更勇敢。」說故事帶給子良更多的勇氣與力量，讓他這幾年致力於性別平權、倡導多元家庭等人文新理念。

榮格曾說，人到中年，要讓自己「二次誕生」。子良透過說故事及性別平權實踐，讓自己「重生」（reborn）了。這個新的子良充滿生命熱情、反思力及驚人的行動力。他，真誠地活著，活得像一個人。

子良的故事很精彩，會讓你忍不住一直往下看。

如果你是同志，從他的故事或許會讓你看見過去的自己，進而療癒現在困頓的你，並為自己的未來找到新出路。如果你是心理治療師或教育工作者，這本書會帶給你嶄新的多元家庭解構意識，幫助你從事心理助人及教育工作更加得力、有效能。如果你是老師、父母或一般社會大眾，這本書會讓你對同志有更慈悲、更多元的理解。

有對話，才有理解；有理解，才有接納。接納就是愛，不是嗎？

推薦文

愛與人性的奮鬥和勇氣

許佑生　作家

我認識子良近三十年，起自紐約留學時代。我們有一群朋友圈皆是來自保守島嶼，他們是飛往異國大都會的性傾向追夢者。

一九九六年，我與葛瑞搬回台灣後，子良因工作遷居芝加哥，聯繫漸疏。片段知曉他在當地遇見美籍男友海思鐸，有了歸宿。

我們實在有緣，後來又都回紐約定居。幾次兩家聚會，我看著這兩位爸爸以獨特方式生養兒子陳海愷樂的全家福，總有深刻感觸。

我和葛瑞雖舉行過一場受矚目的公開婚禮，但那僅是同性之愛的揭幕；真正讓我見證到同性愛情、同性婚姻、同性家庭完整三部曲，是子良一家人。

他們把這一段親身體驗寫成《兩個爸爸》，串連著珍貴元素：同志的自我省覺、對生命延續的思索、對家庭價值的追求、對手足的無私奉獻、對親子教育的獨立尊重、對多元文化的實踐等，都超越了市面傳統的同志議題閱本。

這本書，甚至超越同志範疇，觸及了普世主題——愛與人性的奮鬥和勇氣，讀來動容。

同志家庭的葵花寶典

人權律師、前立法委員
尤美女

適逢台灣同志婚姻合法化兩週年（二〇一九年五月正式合法），遠流出版公司出版了《兩個爸爸》一書，描述一個跨國同志家庭的愛情、婚姻與夢想的生命故事。

書中描述了兩位作者子良與思鐸透過代理孕母生下兒子愷樂的故事，其中包括二代同志自我認同的艱辛歷程，以及面對傳統價值和異性戀的各種質疑眼光，和有意無意的微歧視的因應之道。尤其令人感動的是他們決定擁有自己的小孩時所做的超前部署，包括教養小孩的方式、小孩的多元文化背景的教育、尊重與傳承。

對同志而言，無論是培養孩子在宗教或靈性上的認知、稱呼問題，以及孩子成長過程中會遭遇到的歧視與瓶頸，透過作者一路走來的寶貴經驗，足以成為新手同志家庭的葵花寶典，特此推薦。

推薦文

活生生的同志生命故事

國立屏東大學教育心理與輔導學系助理教授兼社區諮商中心主任
王大維

二〇〇五年，我在美國諮商學會的月刊看到關於子良與思鐸的報導，並得知他們即將回台灣，便邀請他們到我當時就讀博士班的彰化師大輔導與諮商學系進行公開演講，於是開啟了這段超過十五年的友誼。

《兩個爸爸》這本書充滿了血淚及喜悅的故事，我一拿到書稿閱讀就停不下來。子良將身為五年級男同志認同歷程及與原生家庭關係的經驗描繪得相當深刻，對於跨文化男同志伴侶從相愛到組成家庭，以及養育彩虹孩子的心路歷程也很有啟發性。

本書應作為所有助人工作者的指定閱讀。關心性平、同志或親職議題的讀者也必能從中獲益。我特別想邀請反對同性婚姻及同志生養小孩的人讀這本書，先看完這些活生生的同志生命故事，再決定你要站在哪一邊吧！

推薦文

用希望創造更友善的社會

彩虹平權大平台協會執行長
呂欣潔

我知道子良和他的家庭多年，但一直到這幾年才有機會在紐約面對面地認識彼此。遠在這世界上有同性婚姻的存在之前，子良和思鐸就舉辦了自己的儀式性婚姻，甚至養育孩子，作為先行者，他們要面對的挑戰和質疑，比這個世代多得多，但他們依舊保持著樂觀與勇氣，攜手面對一切的困難。

遠在二〇一三年，子良和他的家庭就出現在台灣媒體上，在當時風起雲湧的同志運動與反同組織的衝突中，他們的故事不只帶給台灣的同志希望，更開始讓更多民眾了解不同家庭的真實故事。如今，子良願意將他們的家庭故事書寫成冊，帶著讀者們一起體驗他們生命中的酸甜苦辣，我不只感到敬佩，更希望透過《兩個爸爸》這本書的出版，讓社會和國家都能體會到許多同志朋友成家與育兒的辛苦，進而開創更友善的台灣社會。

推薦文

在「一定」和「不一定」之間

同志平權運動者
祁家威

人的一生真是充滿著「一定」和「不一定」。自少年始，對愛情的萌芽、成長、認同，即是反覆於兩者之間。人際關係的建立、維繫、增進，亦是折衝在兩者之中。本書作者陳子良在第二章就提及我的名字，是「一定」要的還是「不一定」要的呢？

目前國內同婚施行甫兩年，更早之前即安排自身受孕或到國外求助代理孕母的家庭，小孩的年紀皆屬學齡期間。但陳子良二〇〇三年與其伴侶即得子，養育至今，其中辛苦必然是「一定」，但其中幸福亦會是「一定」的。

雖說前人之路，後繼者不必然「一定」同軌同行，但「不一定」毫無參考價值吧！我認為，《兩個爸爸》這本書就是「一定」要買，但「不一定」要急著馬上看完；或是「一定」要看，但「不一定」急著馬上去弄出孩子來，這就是人生咩！

同志的生命經驗，為社會更增豐富滋味

《同志文學史》作者、政治大學台灣文學研究所副教授
紀大偉

在上一世紀，在台灣以及其他國家，同志子女經常面對一種悲劇腳本：跟父母決裂、被家庭驅逐。但是到了二十一世紀，許多昔日的「同志子女」已經長大，成為女女男男的「同志家長」，並且改寫「同志」、「家庭」、「親職」這三者之間的關係。

在《兩個爸爸》這本書中，一對同志家長慷慨分享他們的生命經驗，他們在台灣同志運動集體出動之前，在電腦網路改變同志溝通方式之前，就已經透過傳統交筆友方式結緣，後來更一起打造展現同志主體性的跨國家庭。他們的生命史證明：同志跟家庭未必互相排斥，反而可能互相滋潤；同志跟親職未必無緣，反而可能互相成全；同志未必是社會的局外人，反而可能參與社會網絡的編織，為社會增加豐富複雜滋味。

推薦文

誰比兩個爸爸更適合履行親職？

高雄師範大學教育學系教授兼教育學院院長
楊巧玲

《兩個爸爸》是動人心弦、發人深省的一部生命史詩，全書分二十章，深度揭露一位於一九六〇年代在台灣出生的男同志的成長、成家經驗。誠如女性主義者的重要體認——個人的即政治的，成長、成家看似非常個人，反照出的卻是社會結構中的權力關係；在異性戀中心的社會體制，「出櫃」成為接納自己、面對他人的重大課題與挑戰。

而如何從困境掙脫，正是本書動人心弦之處，揭示壓迫之所在也是希望之所在；兩位作者基於各自與父親的負面經驗，決心翻轉而非複製。他們對於如何教養小孩，充分討論、建立共識、齊心協力，因為深知環境對同志不友善，更致力於滋養孩子的自信與自尊，給予無條件的愛與支持，包括孩子決定出櫃。

隨著孩子進入學校體系，兩個爸爸如何積極參與，正是本書發人深省之處；他們不只為了自己的孩子而投入心力，更為了推動同志平權、實踐社會正義而竭盡所能，包括撰寫本書。當多元文化、尊重差異已是耳熟能詳的教育理念，學校教育工作者，尤其領導人，又如何實踐力行、以身作則？

推薦文

同志家庭最真實的悲歡成長

高雄市港和國小教師、高雄市性別公民行動協會理事長
劉育豪

從獨自一人的住居，到兩人天地，再到三口之家；歷經「非法婚禮」、紐約市「居家伴侶」、紐澤西州「市民結合」，到最後於紐約州合法完成「同志婚姻」；從自我認同、雙人磨合，到悅納孩子的性向認同……每一步走來，陳子良和陳海思鐸所遭受的苦難折磨，從文字上讀來，若沒有類似經驗，可能僅止於讚佩其勇氣如此強大，但實際上的驚心動魄，真讓人不禁心裡直冒問號：為何只因性傾向不同於主流，成家之路便如此漫漫無盡？

終究是個尚未真正性別平權的世界。

只能繼續奮鬥，懷著一股浪漫卻搆得著邊際的想像，去改變這個世界。感謝陳子良和陳海思鐸持續走在平權路上，以這本《兩個爸爸》承先啟後，加入寧靜革命似的出版戰隊，帶著我們看見同志家庭最真實的悲歡與成長。

兩個爸爸
Baba and Daddy

作者——陳子良、陳海思鐸

主編——陳懿文、林孜懃
封面、彩頁設計——謝佳穎
行銷企劃——舒意雯
出版一部總編輯暨總監——王明雪

發行人——王榮文
出版發行——遠流出版事業股份有限公司
地址——104005 台北市中山北路一段 11 號 13 樓
電話——(02) 2517-0297
傳真——(02) 2571-0197
郵撥——0189456-1
著作權顧問——蕭雄淋律師

2021 年 6 月 1 日 初版一刷
定價——新台幣 350 元（缺頁或破損的書，請寄回更換）

ISBN 978-957-32-9137-4
YLib.com 遠流博識網
http://www.ylib.com E-mail:ylib@ylib.com

國家圖書館出版品預行編目 (CIP) 資料

兩個爸爸 / 陳子良、陳海思鐸著 . -- 初版 .
-- 臺北市 : 遠流出版事業股份有限公司 ,
2021.06
面 ;　公分
ISBN 978-957-32-9137-4（平裝）

1. 同性戀 2. 婚姻

544.751　　110007289